音楽療法士になろう！

加藤博之＋藤江美香

青弓社

音楽療法士になろう！

●目次

第4章◆音楽療法士に必要なこと――127

第5章◆音楽療法の実際――NPO法人子ども発達センターとまとの実践――181

デザイン――沢辺均・和田悠里（スタジオ・ポット）

はじめに

最近、いろいろな書店をのぞいてみると、「音楽療法」と名のつく本をよく見かけます。心理コーナーに並んでいることもあれば、教育、福祉、芸術（音楽）コーナーにも置かれていて、音楽療法が多方面の人たちから注目を集めていることがうかがわれます。その背景には、音楽療法が多くの人に興味・関心を持たれる「音楽」に加え、健常者を含めさまざまな人を対象としているという要因が存在するのかもしれません。また、最近の「癒し」ブームは、その傾向に拍車をかけているといえるでしょう。

「音楽療法とは」については、本書のなかである程度詳しく述べています。「ある程度」というのは、まだわが国での音楽療法の歴史はさほど長くはなく、そのためいろいろな立場の人が音楽療法について熱く語っている真っ最中だからです。まさにいま成長している分野だといえるでしょう。しかし、そのようななかでも、私たちが大切にしなければならないことがあります。それは、いかなる考え方であれ、音楽療法はセラピーの一種であり、対象者との関係性のうえに成り立っているということです。その意味では、実践から学んだものを理論的に構築し、それをまた実践に返していくという一連のサイクルが必要になってきます。実践こそが命であり、それを対象者に還元してこそ、音楽療法の成果が認められるのだと思います。

本書は第1章の筆者の体験談から始まっています。ここでは、一人の音楽療法士がどのような経緯で誕生したかを述べています。おそらく別の人が語ったら、全く違う歴史になることでしょう。それほど音楽療法士への道は個人的なものなのです。

第2章では、いろいろな領域の音楽療法について紹介しています。いきなり各分野の音楽療法を目にするのは少し驚かれるかもしれません。しかし、前提知識がなく音楽療法の現場に飛び込むことで、本当にこの分野を好きになれるかどうか、自分に向いているかどうかが見えてくるのかもしれません。ストレートに入ってくる印象は、意外と真実を語っていることが多いようです。

第3章では、音楽療法の定義や歴史などを述べています。音楽療法士を目指す人にとって、必要不可欠な知識といえるでしょう。しかし、これらの知識は、一冊の本で学べるほど一つにまとまっているわけではありません。実践をおこない、興味がわいてきた時期に、多くの先行研究をひもとくことをお勧めします。

第4章では、専門家としての音楽療法士が身につけるべき点について述べています。音楽療法士に限らず、人とかかわる職業は共通して「相手を知ること」、そして「自分を知ること」が求められます。専門性とは人間性とその分野の知識や技能を意味するのです。「この人とどのようにかかわったらいいか」と質問をする前に、まずは自分がかかわってみることが大切です。一歩前に踏み出して、それから自分が学ぶべきものが見えてくるわけです。第4章では対象者とかかわることについて、必要最低限の知識を書いています。それらを参考に、読者が自分らしさを大いに発揮し、自分のスタイルを確立されることを願っています。

そして、第5章では、実際に音楽療法をおこなうにはどのような方法があるのか、ということを

NPO法人の成り立ちという視点から、時系列的に述べています。晴れて音楽療法士になり、さあこれからどうしようというときに、多くの人は目の前の現実を知って大いに戸惑うことでしょう。つまり、働く場所が極めて限られているのです。だったら、自分たちでセッションの場をつくっていこうというのが、第5章で述べる発想です。このような試みは、全国的に多いとはいえませんが、実績を積み上げていくことで（＝質の高い実践をおこなっていくことで）、音楽療法の啓蒙にもつながっていくと考えられます。資格だけあっても、その先がなければ、資格の価値も決して高まらないのではないでしょうか。誰かがやらなければならないことだと思うのです。

以上、本書の概要について簡単に説明しました。人とかかわる仕事を、大好きな音楽を使っておこなうということ。このシンプルではあるものの熱い気持ちをいつまでも持ち続けられるよう、本書がみなさんのお役に立てることを願っています。ハンディのある人が、音楽体験によって少しずつ変容を遂げていくことは、ことばでは言い表せないぐらい感動的なことです。このような体験を、一人でも多くの人に味わってもらいたいと考えています。誠実かつ謙虚な、音楽をこよなく愛する専門家を目指していきましょう。

なお、第1章、第4章、第5章を加藤が執筆し、第2章、第3章を藤江が執筆しました。

第1章

私はなぜ音楽療法士を目指したのか

いろいろな場面で「なぜ音楽療法士になったのか」という質問をされる。即答するのは難しいのだが、振り返ってみると、子どもとかかわる仕事をしていて、「音楽で子どもがどんどん変わっていく姿を見たから」というのが正直なところだろうか。それが私の音楽療法への目覚めだったのだと思っている。だから、私ははじめから音楽療法士になろうと決めていたわけではないが、音楽療法と出会ってからずっとその力に魅了され続けているのである。私がどのようにして音楽療法と出会い、勉強をするようになったのかを以下に紹介したい。

1・1 教師時代に学校現場で経験したすばらしい音楽体験

小学校の教師時代：初期

私はかつて小学校の教師（障害児学級の担任）をしていた。毎日、一年生から六年生までの障害がある子どもたちと一緒に、勉強や遊びを通じて楽しい時間を過ごしていた。当時私は、それまでの出版社勤務から転職したばかりで、子どものことはもちろんのこと、障害のこともよくわからず、とにかく若さだけを頼りに子どもたちが喜んでくれそうなことを見つけては、全身でかかわっていた。

数年が経ち、ある年に複数担任として一緒に組む先生がやってきた。その人は音楽が専門のベテランの先生で、子どもたちを包み込むように受け入れ、情熱的にかかわるすてきな先生だった。そして、子どもたちがリクエストした曲をいとも簡単にピアノで弾いてしまうというテクニックを持っていた。その弾き方は情熱的であり、かといってでしゃばった感じではなく、そのときどきの子どもの気持ちをうまく汲み取りながら臨機応変に表現するといったものだった。そのメロディーにどの子も惹き込まれ、そのうちに伴奏に合わせて一緒に歌ったり、口ずさんだり、身体を左右に揺らしたり、ときに動きを止めてじっと聴き入ったり……。そんなふうに、子どもたちはいきいきと自分なりの表現をするようになった。ことばのやりとりが難しい子も、先生が弾くピアノを通して、まるで話をしているかのようにやりとりをしているのだ。これほどまで彼らの表現が喜びに満ち溢れていて、力強く、またときに静かであるのを目にしたことがなかった。まさに目からうろこが落ちた瞬間だった。そのとき私は、人間味あふれる人が豊かな音楽を奏でることのすばらしさを知ることができたのだ。

それからというもの、私はその先生に毎日いろいろな曲を弾いてもらっては、子どもたちと一緒に歌ったり踊ったりした。どんどん子どもたちの歌の好みは広がり、教室には連日音楽が満ち溢れるようになった。音楽とは本当に不思議なものだ。よく観察していると、子どもたちは先生の指から出る一音一音をとても心地よいと感じ、集中して聴き入っているのだ。私は、同じ楽器でも奏でる人によって全く音が違ってくるということを目の当たりにした。だからこそ、音楽療法が成り立つのだと、いま実感している。

ところで、この時期の私は教師になってまだ数年目であり、血気盛んにいろいろなことに燃えていた。とにかく子どもたちに全身でぶつかっていくことをよしとし、それを大いに楽しむことが大切なのだと思っていた。つまり、身体と身体、ことばとことば、笑いと笑いなど、すべての面で子どもと教師の双方が直接的にぶつかり合う毎日だったのである。しかし、いま考えると、それはいこととは限らないと実感している。情熱的ということは、ときに自分の気持ちを相手に押し付けてしまうこともある。そんな当たり前のことを当時はよく考えもせず、子どもたちと向き合っていた。それに気づかされたのは、まさにその先生がおこなう「音楽を通じたコミュニケーション」だった。私は先生の音楽の時間を通じて、人と人が関係をつくるときの新たな方法を知るようになった。

そこでは、音楽を聴くという「共通体験」をしながら、それぞれ異なった感じ方や表現をするという「異なる体験」が同時におこなわれていたのだ。この気づきは私にとって非常に大きな財産となった。その後の子どもとのかかわりで、「みんな違っていいんだよ」という考え方は、私の教員生活、そして音楽療法士としての最も大きな部分を占めることになった。そして、それからの私は、すべての人が自分をのびのびと出せるような「安心できる環境づくり」を目指すようになった。その際、音楽が果たす役割はとても大きいだろう。音楽はその場を包み込み、参加者全員が自然に輪を作り出して、そのなかで自分自身(個性)まで発揮しやすくしてくれる、そんな力を持っているのだ。そのような音楽のすばらしさを実感しながら、私はまさに音楽を使って子どもとかかわっていこうと決心した。それは人生において、音楽的に生きていくということにほかならないだろう。

1・2

音楽療法って何?

小学校の教師時代：中期

ところで、当時はいまのように社会に音楽療法の本があふれているという状況ではなかった。私自身「音楽療法」ということばこそ耳にしたことがあったものの、それが一体どういうものかはよく知らなかった。しかしながら、私のなかで音楽を通して子どもたちとかかわることへの興味は高まる一方だった。そこで、養護学校の先生であり、実際に音楽療法を実践している人に相談したところ、都内で開かれている音楽療法研究会を紹介された。ここで、ほんの少しだけ音楽療法の世界に足を踏み入れたわけだ。その研究会では、たまたま音楽療法士による子どもへのアプローチがおこなわれていた。そこでは、目の前の子どもが見せる表情や仕草、声、動き一つひとつに応じて即興的にピアノで表現し、子どもとの一体感を味わっていくというようなセッションがおこなわれていた。例えば、子どもが出す「あーあ」という声と同じ高さの音をピアノで奏で、それを徐々に曲に仕上げていくといった感じである。私はそれを見て「すごい」と感じながらも、これがその子の今後にどのように役立つのか「よくわからない」という印象を持った。翌日の教室では、その真似事をしようとさっそくピアノの前に座ったが、当然のこと、何のトレーニングも積んでおらず、セッションの意味もよく理解していない私にできるはずなどない。そこでおこなわれていたやりとりを表面的に（かたちだけ）真似しようとしても、それは全く意味のないことである。

その日から、私にとって音楽療法はとても気になる存在になった。そして、音楽療法関連の書籍を読んだり、研究会やセミナーに参加したりしながら、まずは日頃実践している障害児学級への音楽活動をもう一度考え直してみようと思った。子どもたちになぜこのような活動をおこなっているのか、それはクラス全体や一人ひとりの子どもにとってどのような意味があるのか、音楽活動のどの部分が子どもたちに影響を与えるのか、これらのことをできるだけ細かく検証しようとした。それはすなわち、自分がおこなっている授業の質を少しでも高め、なおかつそこから見えてくるものが音楽とどのような関連性を持っているのかをじっくり考えていこうという決心だった。そのことは、後になって音楽療法を実践したり、理論を語ったりするうえで本当に役立つ方法だった。なぜなら、自分が毎日かかわっている子どもたちが教えてくれることが最も価値が高く、何よりも勉強になったからだ。そのスタンスはいまも全く変わっていない。音楽大学の教員として、週に三日から四日おこなっていたセッションでも子どもたちから学ぶことが非常に多かった。

「音楽療法士の数だけ音楽療法の方法はある」。そういわれるほど、音楽療法にはさまざまな考え方や方法論が存在している。だからといって、本で学んだことをそのまま目の前の対象者にあてはめようとしても、それは全く意味をなさない。対象者とかかわるうちに「こんなはずではなかった」という人が多々出てくることだろう。音楽療法は音楽を使うという大きな前提があるものの、基本的に人とかかわる仕事であり、その意味では「まずは音楽ありき」ではなく、最初に圧倒的なコミュニケーション能力が求められる仕事だと思う。音楽を「聴かせて」相手を喜ばせるだけ、などという単純な仕事ではなく、聴いている相手の様子を見ながらいろいろな手立てを考えたり、ときにアクティブに相手とかかわり、その過程で生じるさまざまなやりとりのなかで、互いが貴重な体験を積み重ねていくものなのだ。その意味では、相手に向かう前にまずは自分がどうであるかということが大いに問われる職業だ。自分に向き合い、自分自身をよく知り、そのうえで相手を知ろうとする……。このような過程が必要であるにもかかわらず、多くの人はそこで躊躇してしまう。自分自身を真剣に見つめることはとてもたいへんなことなのだ。

たとえ音楽がなくても、相手と柔軟にやりとりをおこなっていく……そういう力を身につけながら、そのうえで音楽の持っている力を有効に活用していくことが大切である。言い換えれば、各対象領域（障害児、高齢者、精神科など）の専門家を目指しながら、音楽性を高めていくという心構えが必要になってくる。例えば、障害児の音楽療法では、まずは障害児療育や障害児教育の専門家を目指し、自分自身がさまざまな音楽を聴き、奏で、豊かな音楽性を持つことによって、歌や楽器や身体で相手に自分を表現していくわけである。障害児の専門家といっても、実際に何をすればいいのか難しいところだが、例えば、いつでもどこでも目の前の子どもに合った適切なセッションをおこなえること、すなわち、子どもを理解し、関係をつくり、チームの人とうまく連携し、保護者といい関係をつくっていく、などが考えられる。まさに、スペシャリストとジェネラリストの双方を兼ね備えた、そんな力が必要なのだと思う。

1・3 私は音楽といかにかかわってきたか

少年期から大人まで

さて、私と音楽との出会いだが、それは小学校三年生までさかのぼる。もちろんそれまでも学校教育や家庭生活のなかで音楽にはふれていた。しかし強く意識したのは、小三のときの音楽の授業（リコーダーの時間）だった。特に音楽の授業が好きだということはなかったのだが、なぜかリコーダーの音色に惹かれ、しょっちゅうリコーダーを吹いていた記憶がある。「好きこそもののじょうずなれ」で、やがていろいろなバリエーションをつけて微妙な音色が出せるようになってきた。息の吹き方や口のつけ方の違いで、何種類にも音が変化させられるということに気づいたのである。楽しいからたくさん吹き、じょうずになって先生からも「いい音を出すね」と褒められ、ますます没頭するようになった。特にどこかで発表をするためというわけではなく、ただ吹きたいから、あるいは自分の出す音が心地よいから吹いていたのである。そのときの時間は、後にセッションをおこなうようになって「自分の出した音に微妙な変化をつける」際に大いに役に立ったと考えている。

その後、普通の学生生活を送っていた私に、第二の音楽的生活が訪れた。それは、その当時誰もが普通におこなっていた「流行の音楽を聴く」というものである。親しい友人の影響で、最初に（中学一年）シカゴという洋楽からスタートし、その後ビートルズやローリング・ストーンズ、イーグルス、サンタナ、エルトン・ジョン、T・レックスなどなど、どんどん幅を広げていった。つまり、一般の若者らしく流行の音楽とふれ合っていったのだ。その後、聴く音楽のジャンルはどんどん広がっていた。大学生になったころには、ロックだけでなく、プログレッシブロック、ジャズ、ワールドミュージック（特にブラジル音楽）、テクノ（クラブミュージック）、J・ポップ、沖縄音楽、そしてクラシックまで……。アルバイト代をほとんどレコード（当時）に費やし、とにかく毎日何時間も音楽を聴くという生活を送っていた。この時期、さまざまなジャンルの音楽を聴くことで、耳が肥えていったように思う。

私の聴き方は少し変わっていて、音楽性を楽しむ（情緒的に聴く）こともあれば、一つひとつの音を拾い上げ、その音色を楽しんだり、音と音の組み合わせがどうなっているのかを意識しながら聴くことも多かった。落ち着きたいときには、大抵同じフレーズを繰り返すテクノを聴いていた。パターンはとても心地よいということを、身をもって知ったのだ。繰り返しといっても最初から最後まで全く同じではなく、途中でリズムやメロディーがほんの少しずつ変わっていく。その変化に気づくのを楽しみにしていた。友人からはよく「ちょっと変わった聴き方だね」と言われた。駅の列車の発車音（メロディー）などにも興味を示し、番線ごとに違うメロディーに注目し、家に帰ってからも頭のなかで反芻していた（後日、発車音の作曲を担当したヤマハの方に聞いたところ、例えば新宿駅のメロディーは、すべてが同時に鳴っても不協和音にならないように作っているとのことだった）。もしかしたら、無意識のうちに音楽の持つ特性に深入りをしていたのかもしれない。音楽大学などで正式に音楽を学んだわけではないが、私なりに音楽にふれてきたという経緯は大切にしていきたいと思っている。そもそも音楽的体験はとても個人的なものだから。

そして、本格的にピアノを弾き始めたのは小学校教師になって数年経ってからだ。技術的なじょうず・へたに惑わされることなく、耳を頼りに、とにかく表現したいという気持ちを前面に出して練習を積み重ねていった。その思いが今日の演奏力につながっているのだと思う。いまセラピストとして、毎日音楽を奏でているわけだが、これまでに培ったさまざまな体験、すなわち音を丁寧に出す、自分の出した音の微妙な違いを聴き分ける、多くのジャンルの音楽にふれる、ということは、私の貴重な財産になっているのである。

音楽療法士になってからのエピソードだが、セッションで「北風小僧の寒太郎」（井出隆夫作詞、福田和禾子作曲）という曲を弾いていたときのことだ。この曲は乗りやすい曲なのに、主旋律に音が間延びするところがあって、伴奏が弾きにくい感じがする。そんなとき、あるスタッフ（音楽大学卒）が、「［私＝加藤の］奏法に子どもたちが乗る理由がわかった」と説明をしてくれた。そのスタッフは、私の左手の使い方に注目したのだった。まるで、「ベースギターの弦をはじくように」左手を動かし、しかもうまいタイミングで音を入れているというのだ。だから、音楽全体にボリューム感が出て、いきいきとしたウエスタン調になっているのではないか……そのように言うのだ。おそらく、私の左手の奏法は、基本のコードを頭に入れ、そのうえで、タイミングよく分散和音のように弾き流し、それがまるでベースギターの音のように聞こえたのだと思う。クラシック音楽を学んだ人のピアノの奏法とは、その点でかなりの違いがあり、でもそれが、乗りやすい動きを作り出していったのだと思う。このことは、「日頃自分自身が音楽をどのように聴いているのか」（特にどの部分に注目して聴いているのか）を教えてくれる貴重なエピソードとなった。まさに、ベースが自分の音楽の基礎になっていたのである。

1・4 その後、どのように学んできたか

小学校の教師時代：後期

教師として脂が乗ってきた時期、私は日々の授業を大切にしながら、毎日の実践を丁寧にまとめていくことに力を入れていた。もちろんそのことは、音楽活動に限ったことではない。学校教育だから、他の教科や総合的な学習、いろいろな行事、交流教育など、さまざまな活動を通して子どもは育っていくわけである。当然、教師には幅広い視点で子どもを見ることが求められる。この時期に私が身につけたことは、「子どもを複眼的に見る力」「子どもをトータルに捉える力」などであり、この力は後に音楽療法士になってからも自分を特徴づけるものとして大いに役立つことになる。

子どもは決して、ある一つの部分だけが伸びていくのではない。音楽を演奏する場面で「伴奏に合わせて、一定のテンポでコンガが叩ける」ことが、実は休み時間にみんなと一緒に中庭で遊んだ後一緒に帰ってくること（つまり社会性）とも大いに関係しているのである。子どもたちの生活は、そこでおこなわれる一つひとつが結びつき、関連性を持ちながら発達していくのだ。その意味で、子どもの発達は決して直線的に高まっていくのではなく、「らせん状の発達」といわれるように、あまり伸びない時期、グーンと伸びる時期、やや後退する時期を交互に繰り返しながら、ゆっくりではあるが着実に伸びていくということを、私は日々の実践から学ぶことができた。子どもの発達につ

いて十分に学ぶことが、音楽療法にも役立つことを知ったのである。

また、この時期に日頃の実践を理論的にまとめるチャンスを二度得ることができた。一つは、一年間の内地留学（県の長期研修制度）の機会を得て、福祉系の大学で発達臨床を理論的・実践的に学ぶことができたこと。もう一つは、社会人大学院に入学して、障害児教育を専門とする先生のもとで、院生の仲間たち（言語聴覚士、作業療法士、理学療法士、学校教員など第一線で活躍している専門家）とともに語り合いながら、二年間密度濃く学ぶことができたことである。どちらの場でも、理論的に学んだことと子どもたちからじかに学んだことがうまくリンクして、私は子どもをますます詳しく知るようになったのである。まさに実践から理論へ、理論から実践へという双方向性の学びを構築することができたのである。

1・5 音楽療法士としての第一歩
NPO法人の設立、養護学校時代、そして新たなる道へ

教師時代の後半になって、地域の保護者の要望を受けて地元（埼玉）で音楽療法の自主グループを発足した（後にNPO法人化した。第5章参照）。そこでは、自分がこれまで学んだことを生かして、障害幼児、障害児童・生徒を対象に、月に二回の音楽活動をおこなった。学校という組織のなかでの実

践とは違い、自分のやりたいことを思う存分できるというメリットがある反面、すべての責任が自分にのしかかってくるという重さを背負っての船出となった。子どもが対象の音楽療法の場合、セッションに参加させるかどうかの最終的な決定権を握るのは保護者である。その意味では、子どもとかかわるのと同じくらい、保護者との連携が大切になってくる。またスタッフ同士の連携もセッションをスムーズに進めるうえで不可欠となる。しばらくは厳しい日々が続いた。それでもやめずに続けてこられたのは、子どもたちの笑顔や成長する姿、保護者の励まし、そして子どもたちに向かうスタッフの頑張りと誠実な姿に支えられたからにほかならない。現在は自主グループもＮＰＯ法人化され、質の高いスタッフも確保できるようになった。やっと腰を据えて、地域貢献としての音楽療法を実践できるようになったのである。

小学校勤務の後、知的障害児を対象とした養護学校に三年間勤務した。そこで私は、障害の重い子どもと出会い、多くのことを学んだ。決して自分のペースでかかわるのではなく、子どもが出すほんの小さなサインを見逃さないこと。ことばがなくても、子どもたちはそれぞれ自分たちなりの方法でコミュニケーションをとろうとしていること。その意味でどの子も多弁であることが見えてきた。そして、養護学校という大きな集団で子どもたちと活動していくことのダイナミズムを肌で感じることができた。子どもは決して一人で生活しているわけではない。家庭や学校で培った力を集団のなかで発揮させることが大切である。改めて私は、みんなで生きていく、仲間とともに生きていくことの大切さを学んだ。そして、人と人を結びつけるために、音楽が大きな役割を果たしているという事実を、普段の教育活動のなかで知ることができた。ここでも、子どもたちは日々音楽とともに生活をしていたのである。

また養護学校では、保護者とコミュニケーションをとっていくことの大切さをいままで以上に学ぶことができた。文字が書けるようになったとか、ことばが話せるようになったとか、そのように目に見える成長がなくても、教師が子どものごく小さな成長を敏感に感じ取り、それをわかりやすく保護者に伝えていくことがいかに大切であるかということを、多くの場面で体験することができた。さらに、保護者の多くは音楽療法に興味を持ってくれるが、それがすべてではなく、子どもの日常生活や学校生活、将来など、さまざまなことに興味・関心を向けている。音楽療法はその一部であるということを、私たち音楽療法士は常に意識する必要があるだろう。現在養護学校で出会った子どもたちも何人かNPOに参加してくれていて、それはとてもうれしいことである。

そしていま、音楽療法活動をさらに次のステップに発展させるべく、さまざまな面から準備を進めている。最近になって幼稚園や保育園、小学校に在籍するLD（学習障害）やADHD（注意欠陥多動性障害）、アスペルガー症候群、高機能自閉症などの軽度発達障害の子どもが急増している。そのため、NPO活動ではセッション内容も大幅な変更が求められ、特別支援教育士の取得を目指すなど、スタッフ一同新たな勉強に励んでいる。二〇〇四年（平成十六年）には発達障害者支援法が議員立法で成立し、学校現場でも特別支援教育という考え方が主流になり、軽度発達障害の子どもたちへのサポートを充実させる機運が高まっている。発達障害者支援法では、公的機関だけでなく、民間団体でもサポートをおこなっていくことをうたっている。NPOでも、音楽療法がこの子どもたちに役立つことがたくさんあるのではないかと考えている。

また、音楽療法そのものも、対象児にとってたいへん有効だが、子どもはさまざまな経験によって育つという観点からも、他のプログラムをじょうずに組み合わせていくことでさらに音楽療法の持ち味を発揮できるのではないかと考えている。NPOでは、今後、個別指導や集団指導、体験学習などとともに音楽療法を組み合わせ、トータルに子どもを援助していくことを検討している。いずれにせよ、他の分野にはない、音楽療法の特性を子どもたちのしあわせのために十分に活用できるよう、これからも日々努力を重ねていきたいと思う。

振り返ってみると、私自身、気がついたら音楽療法士になっていたという感じである。しかし、人の役に立ちたいという気持ちを持ち続けていたからこそ、このような道が開けたのだと思っている。小学校や養護学校、そして自主グループ活動を通じて多くの子どもたちと出会い、彼らから学んできたという経験を自信と誇りにして、これからもさまざまなことを子どもたちから学び続けていきたいと思っている。互いに影響を受け合う仕事、しかも音楽というすばらしい媒体を通じて子どもたちとすてきな時間を共有できる、この音楽療法という仕事を、これからも自分の生涯の仕事として全力で取り組んでいきたい。

第2章

ドキュメント 音楽療法の仕事

音楽療法の対象者は、子どもから高齢者まで、あらゆる立場の人である。セラピストは、対象者それぞれのニーズに合わせてセッションを展開していく。本章では、実際の現場でおこなわれている実践の一部を紹介したい。

2・1 ADHD児の音楽療法

筆者が音楽療法士として所属している民間の子ども発達センター（NPO法人子ども発達センターとまと）では、週二日、音楽療法のセッションをおこなっている。通常一日に六グループのセッションがおこなわれる。たくさんの子どもと会える、楽しみな一日だ。では早速、ある日の様子をお伝えしよう。

この日の午後最初のセッションは、軽度発達障害の子どもたち六人（男児四人、女児二人）のグループ。全員が小学校の通常学級（一年から三年）に在籍している。

子どもたちがセッションルームに入ってくると、とたんににぎやかになる。なかでもMちゃん（ADHD・女児、二年生）は部屋のなかを歩き回ってあちこちを探検したり、スタッフに話しかけたりと、ひときわ元気である。セラピストを見つけると走ってきて、大きな声で「私から名前を呼んでね。一番に呼んでね」と訴えてきた。「う〜ん、まだわからないなぁ」とはぐらかすと「絶対一番に呼んでよ」と言って、また別のところに行ってしまった。

アシスタントが、セッションルームの中央あたりに半円状に児童用のイスを並べると、子どもたちは好きな場所に座る。Mちゃんは、セラピストがいつも左側から名前を呼ぶのを知っているため、急いでいちばん左のイスに座った。

音楽療法のセッションの様子

セラピストが子どもたちの前に立ち、ピアノ担当者が座ると、いよいよセッション開始。いつものように「あいさつの歌」で、セラピストが子どもたちに歌いかける。ところが今日はいつもと違い、セラピストは右側の子どもの前に向かった。案の定、Mちゃんが「どうして私からじゃないの？　いつも左からなのに、何で今日は右からなの？　私を一番にしてよ」と言いだした。セラピストは、「いつも左からばかりだから、今日は右からにしたんだよ。Mちゃんはもう二年生だから、待てるよね」と言ってサッと姿勢を変えて、目の前の子に歌いかけ始めた。するとMちゃんは、納得のいかない表情をしながらも黙って座り、順番を待った。

一年前、初めてMちゃんがこの場を訪れたときは、少しでも気に入らないことがあると、床に寝転がって大声を出して暴れたり、近くのイスを投げたりしていたのだから、大きな成長である。毎月二回、欠かさずセッションに参加してきたM

ちゃんだが、この変化はセラピストにとっても、見ていたお母さんにとっても、とてもうれしいものだった。そこで今日は歌いかけの最後のMちゃんの番になったときに、ピアノがたっぷりとした音量で大げさにアレンジして伴奏を弾き、セラピストもゆっくりと歌いかけ、ワクワクするような華やかな場面を作り出した。Mちゃんは最後まで待ったから特別だよ、という演出をしたのだ。このことは、実は事前にセラピストと伴奏者で打ち合わせをしてあった。つまり、Mちゃんが何かに不満を示したときに、そのピンチを何らかのかたちでチャンスに変えていくという作戦である。歌いかけの後に「Mちゃん、最後まで待てて偉かったね」と、大いに評価して褒めてあげた。するとMちゃんは、少し照れくさそうにしながらも、うれしそうに笑って「だって、私はもう二年生だから、他の子に譲ってあげたんだよ」と言ったのだった。

さてここで、Mちゃんにおこなっている音楽療法グループセッションの形式について記しておこう。

- 部屋の大きさ：子ども全員が十分に走り回れる大きさ
- 子どもの人数：六人（小学校・通常学級一年から三年に在籍）
- 大人の人数：セラピスト一人、ピアノ担当者一人、アシスタント数人
- 活動時間・頻度：一回四十分から五十分、月に二回
- 部屋の環境：イスを子どもの人数分用意し、楽器や備品は子どもの刺激にならないよう目の届かないところに置く、窓はカーテンを閉める。

●座り方：子どもは半円状に並んでイスに座り、セラピストは中央に立つ。

Mちゃんのある日の音楽療法のプログラムは次のとおりである。

①「あいさつの歌」
②歌の活動　歌唱「ビリーブ」　絵描き歌「線路は続くよどこまでも」
③身体活動Ⅰ　模倣遊び「頭トントン」
④身体活動Ⅱ　リトミック
⑤楽器活動Ⅰ　楽器の音あて遊び（各種楽器）
⑥楽器活動Ⅱ　打楽器の合奏（コンガ、ボンゴ、ジャンベなど）
⑦「さようならの歌」

ではここから、ＡＤＨＤの特徴と、Ｍちゃんにおこなってきた音楽療法について詳しく述べていこう。

ADHD（Attention-Deficit/Hyperactivity Disorder＝注意欠陥多動性障害）とは

●ADHDの基本症状は、不注意・多動性・衝動性の三つである。基本症状は、不注意関連項目（A1群）と多動性・衝動性の各九項目（A2群）に二分される。それぞれの基本項目の六個以上にあてはまる場合にＡＤＨＤと診断される。
●頻度は三〜六％といわれ、男児は女児の三〜四倍と多いが年齢やタイプによってその頻度は異なる。
●通常、小児期に始まり、基本的には終生終らない傾向である。（日本ＬＤ学会編『日本ＬＤ学会ＬＤ・ＡＤＨＤ等関連用語集』第二版、日本文化科学社、二〇〇六年）

以下は、Ｍちゃんがセッションに参加し始めたころの様子である。

●セッション開始時は小学校一年生。知能検査では高いＩＱを示す。
●気に入らないことがあると、大声を出して走り回ったり、イスや机を倒すなどする。
●自分から人に触れたり楽器を触ったりはするが、セラピストがＭちゃんの身体に触れたり、一緒に楽器を演奏しようとすると拒否を示す。
●他の子の活動中に、順番を待つことが難しい。
●大人に対しては終始自分のペースで話しかけ、大人の提案を遮ったり、大声で反論したりする様子が見られる。
●気持ちが崩れたとき、熟練したセラピストがＭちゃんの気持ちに寄り添うようにかかわると、部分的に参加できる。みんなに注目されると、得意そうに活動する。

このようなＭちゃんに対して、以下のような目的を持って音楽療法をおこなっていくことにした。

いろいろなことへの興味・関心の高さに着目し、Mちゃんの好きなことを中心として、さらに活動の幅を広げていく。その際、まわりの大人がMちゃんの気持ちに寄り添い、本人の考えや表現を常に認めていく姿勢を重視する。それによって、Mちゃんがまわりの人に認められていることを意識し、自尊心を徐々に育み、順番を待つことや、相手の立場に立ってやりとりができるようになり、結果的に自己コントロールの力を身につけられると考える。

さて、右記の目的をふまえたうえで、実際にどのような内容でMちゃんへのセッションをおこなってきたのか。

まずは、最初の半年を振り返る。

［1］初参加から半年後までのセッション

この時期は、自分のペースが強くまわりに合わせることが難しかったため、無理をせず、まずはMちゃんが興味を示すものを取り入れることで活動への集中力を高めることを目標にした。また、気持ちが安定した状態をできるだけ長く保つために、Mちゃんのレベルに合った活動内容や順番に配慮した。さらに、多少の姿勢の崩れや立ち歩きは認めることにして、活動に意欲的に取り組んだ部分については積極的に評価した。各活動の様子は以下のとおりである。

①Mちゃんの歌の活動の様子（初参加から半年後）

みんなで一緒に歌を歌う活動では気持ちが乗らず、席を立ってしまう。しかし、Mちゃんの好きな活動（それぞれが自分の好きな歌を選んで、マイクを持って歌う「曲のリクエスト」など）を取り入れると、とたんにやる気を見せる。例えば「となりのトトロ」では、初めは大声を出してみんなの注目を惹き、続いて最後まで歌う。まだ自分中心のところが見られ、歌い終わった後は、マイクを友達に渡すことができずに床に投げてしまう。また、パネルシアターや絵描き歌などには興味を示し、自らみんなの前に出てきて絵を描いたり、絵の説明をおこなったりする。

②Mちゃんの身体活動の様子（初参加から半年後）

音楽に合わせて、セラピストの動き（身体の部位を触るなど）を真似する「模倣遊び」では、姿勢が崩れがちで、床に寝そべったりしながら、自分の興味がある動きや自分が考えた動きだけをおこなった。そのようなとき、アシスタントが同じ動きを促そうとすると、さらに姿勢が崩れイライラが増大して小さなパニックに発展することもあった。そのため、模倣を促すことはせず、Mちゃん自らアレンジした動きを認め、それに大人が合わせるなどのやりとりをおこなっていった。

ピアノの曲に合わせて歩いたり走ったりする「リトミック」の活動では、曲を意識せず自分のペースで動き、走りながら壁を叩いたり、決められていない動き（後ろ向きに走る）をしたりする。そこで、みんなでタンバリンを持っておこなうようにしたところ、Mちゃんは張り切ってタンバリンを持ち、拍に合わせて叩きながら歩いた。結果的に、ピアノ伴奏やみんなの動きに合わせて歩いたり走ったりすることができた。

③Mちゃんの楽器活動の様子（初参加から半年後）

初めて見るような珍しい楽器に対して強い興味を示し、長い時間をかけていろいろな奏法を試した。その際、セラピストが隣に寄り添って一緒に楽器を触ろうとすると拒否するため、同じ楽器を一緒に演奏するのではなく、Mちゃんの出す音にピアノ伴奏で合わせるようにした。その後、Mちゃんがピアノ伴奏を意識して音を出すようになったので、少しの時間、音によるやりとりがおこなわれた。

一つの楽器を順番に演奏する活動では、自分がいちばん最初に演奏できないと、「なぜ一番でないのか」と言い続けた。また、順番が回ってきてもイライラは収まらず、なかなか終わらせることができなかったり、やっと終えた後は、他の子どもが演奏しているのをじゃましたりした。そのため、待つ人数を一人から徐々に増やすようにし、一人でも待てたときは大いに褒めるようにした。

［2］半年から一年後までのセッション

半年間、セッションを経験してきたMちゃんは、徐々に変化を見せ始めた。活動に積極的に参加するようになり、集中する時間も増えた。大人とは、ことばや音楽的な部分でやりとりできるようになってきた。また、他児の活動に興味を示す様子も見られるようになった。しかしながら、まだ、気持ちの切り替えがうまくできず、突然怒りだしたり、興味のない活動だと、途中で席を立って他のところへ行ってしまうなど、マイペースさは残っている。

以上のような様子から、この時期は、Mちゃんの好きなことから徐々に新たな活動を取り入れることで、経験の幅を広げていくことにした。また、大人や他児の活動を見たり、期待して順番を待つことで、見通しを持ってまわりの状況に合わせられるようになることを期待した。さらに、簡単な活動ばかりでなく知的好奇心を持つような活動を取り入れることで、満足感や達成感を味わい、自尊心を満足させながら活動への意欲を高めていくことにした。各活動の様子は以下のとおりである。

ミュージックベルを使った楽器活動の様子

①Mちゃんの歌の活動の様子（半年から一年後）

みんなで一緒に歌う活動では、自分の好きな歌は、曲の一部を歌ったりリズムに合わせて身体を動かすようになり、あまり興味のない歌も、席を立たずに最後まで聴いていられるようになった。得意の絵描き歌では、自らボードに絵を描く場面が増え、イメージ豊かに描写するようになった。電車の絵を描きながら、乗客や運転手に名前（主にまわりの大人の名前）をつけるなど、人への意識が高まってきた。また大人が絵を描いて「ここはMちゃんが描いてね」などと提案すると、頼られたという満足感から、安定した気持ちで真剣に取り組む様子が見られた。そして、この満足感を得ると、活動をスムーズに終えられるようになった。順番を待つことも確実にできるようになってきた。

②Mちゃんの身体活動の様子（半年から一年後）

「模倣遊び」では、姿勢の崩れは見られるものの、席にずっと座っていられるようになった。その結果、模倣できる動作の種類が大幅に増えた。さらに慣れてくると、音楽のテンポや強弱を意識したり、近くにいるアシスタントと身体を触れ合うなど、人に合わせる様子が見られるようになった。

何かのきっかけでイライラして床に座り込んでしまったときには、模倣遊びを一時中断して、少しだけ身体に触れて、短いことばでイスに座るように促すと、気持ちを切り替えることができた。

ジャンピング台跳びはとても好きな活動で、ピアノの音楽のテンポに合わせて跳ぶことを心地よく感じ、笑顔を見せるようになった。また、自分と同時に「やりたい」と手を挙げた子に順番を譲るなど、気持ちに余裕を持って参加することができるようになった（他の場面でもこのような様子が見られるようになっていて、そのつど表情豊かに褒めることにした）。そして、終了後も台をアシスタントと一緒に片付けるなど、終始穏やかに参加した。

③Mちゃんの楽器活動の様子（半年から一年後）

セラピストが提案するいろいろな楽器を自分なりに演奏しようとするなど、興味の範囲が広がり、積極的に活動に向かう姿勢が見られるようになった。自分から楽器を選ぶ場面では、例えばミュージックベルのソの音を選び、しばらく鳴らした後「今度はシの音がいいな」と言うなど、自分の要求をわかりやすく相手に伝えるようになってきた。途中で飽きて席を立ってしまったときに「座っている人からやってもらおう」と言うと、Mちゃんのなかに「最初にやりたい」という気持ちが芽生え、すぐに着席できるようになった。楽器の演奏法のバリエーションが増え、自分で演奏法を変えながら音の違いを意識して楽しむ様子も見られた。その際、Mちゃんが出す音の雰囲気にピアノ伴奏が合わせると、Mちゃんの方からピアノの音の強弱やリズムの変化に合わせてくるなど、音を使った豊かなやりとりが見られるようになった。

以上が、Mちゃんへの音楽療法の様子である。そして、初参加から一年経ったときのMちゃんの様子は以下のとおりである。

徐々に一つひとつの活動に対して安定した気持ちで向かえるようになってきている。それは、①活動への集中時間が増えた、②順番を守り、いままさにおこなおうとしている活動を他の子に譲ることができるようになった、③活動内容が途中で変更されてもスムーズに受け入れられるようになった、という様子に表れている。さらに、相手とのやりとりのなかで、気持ちの小さな揺れやイライラを解決しようとする様子も見られ、Mちゃんは少しずつ、しかし確実に自分の気持ちをコントロールする力を身につけてきている。

[3] まとめ

Mちゃんのような、ADHD児をはじめとした、知的な遅れがなくわずかな発達の遅れや偏りのある障害を「軽度発達障害」と呼ぶ。ADHD以外には、LD、高機能自閉症、アスペルガー症候群、などが含まれる。日本では、この軽度発達障害の子どもたちは長い間見過ごされてきたため支援が遅れていたのだが、最近になって、特別な教育支援を要する子どもとして、積極的なアプローチが検討されている。なお、二〇〇二年（平成十四年）の文部科学省の調査では、支援を必要とするこのタイプの子どもたちは、小・中学校の通常の学級に六パーセント以上もいるという結果が報告されている。

学校教育や保育の現場では、教師や保育士がどのような指導をしていけばいいのか、日々試行錯誤を重ねている。また、保護者も不安や悩みを抱えながら、一生懸命子どもと向き合い、育てている。そのようななか、個に合った支援方法を取り入れ、子どもと長い期間全般的にかかわることができる、私たち民間の支援センターが担う役割は重要である。音楽療法だけで子どもの発達や問題行動にアプローチしていくのは難しいが、音楽療法だからこそ、強制的にならず、子どものペースに合った支援ができるというメリットも大きい。

子どもは、苦手なことを得意なことでカバーしながら日々学んでいくのである。まわりの大人はその子をよく理解し、輝く毎日を送れるよう、まずは得意なことから、そして徐々にできることを増やしていけるように、援助をおこなっていく必要がある。

2・2 脳性まひ児の音楽療法

「おはようございます！」。NPO法人子ども発達センターとまと（以下、とまと）のセッションルームにお母さんやお父さんの声が響く。セラピストが向かうと、それぞれの親に抱かれた子どもたち（クライアント）の顔が目に入ってくる。「おはよう、Wちゃん。おはよう、Aくん。……」。一人ずつの顔を見ながら声をかける。「あー」と返事をするWちゃん（八歳）。視線をゆっくり動かして、セラピストと目を合わせるAくん（六歳）。ニヤッと笑うOくん（八歳）。セラピストの目をジッと見つめるRちゃん（六歳）。

このグループは、脳性まひの子どもたちである。普段は、市の通園施設や肢体不自由児養護学校に通っている。セッションは毎月二回おこなっており、開始から一年が経った。

まずここで、脳性まひの特徴を記しておこう。

脳性まひは、出産前から新生児期までの間に、何らかの原因で脳に損傷を起こす、非進行性の運動障害である。四肢の疾患の分類としては以下のように挙げられる。

- 単まひ：一肢のまひ
- 片まひ：片側の上下肢のまひ
- 対まひ：両下肢のまひ
- 両まひ：四肢まひで上肢のまひの軽度のもの
- 四肢まひ：上下肢が同程度にまひしているもの

運動障害のタイプとしては以下の特徴がある。

- 痙直性まひ：腕や足の筋肉が硬く、身体を伸ばしたり急な動作をおこなう場合に筋の収縮が強く起きる。
- アテトーゼ型まひ：四肢の不随意的、無目的な動きが特徴
- 硬直性まひ：痙直性まひがさらに重度化したもの
- 運動失調型まひ：歩行がゆっくりしていて、歩くときに身体のゆれが見られる。

●振せん型まひ：身体を動かそうとすると起こる身体のふるえが特徴
●混合型まひ：痙直性まひとアテトイド型まひを併せ持っている。
●弛緩型まひ：筋の緊張がいちじるしく弱いかもしくは全然ないもので、新生児によく見られている。

さて、音楽療法は大別すると、能動的音楽療法と受動的音楽療法に分けられる。能動的音楽療法とは、クライアント自らがセラピストと一緒になって、歌ったり楽器を演奏したり、身体を動かしたりすることである。一方、受動的音楽療法とは、クライアントに音楽を聴いてもらったり、歌っている姿や楽器演奏を見てもらったりすることである。多くのセッションでは、両者がともに取り入れられている。

脳性まひの子どもたちの場合、動きが制限されることもあって、一生懸命表現しているのにその表現が見落とされてしまうということがある。そのため、セラピストの主観で一方的に音楽を提供してしまうという問題が起きかねない。クライアントが「受動的」に音楽を聴いていると思ってかかわっていても、実は、彼らは自分なりの方法を使って一生懸命表現していて、「能動的」に参加しているという場合も少なくない。セラピストはそこを汲み取って、音楽を提供していかなければならないのだ。

例えば以前、セラピストが歌うと、動きを止めて視線を別の方に向ける、という子どもがいた。表面的に見てしまったら、つまらないからソッポを向いていると受け取ってしまったかもしれない。しかし、その子をよく見ていると決してそうではないということがわかった。セラピストが歌うと視線を横に向けるが、歌が終わってピアノの音が止まると、視線をセラピストの方に向けて口元が少し和らいだのだ。そして、また歌い始めると違う方向の一点を見つめる。このときは三曲歌ったのだが、毎回この表現を繰り返したのである。つまり、音をじっくり聴いて、自分なりに受け止めているからこそ、動きが止まり黒目が端に寄っていたのである。

また、別の子どもは、セラピストが楽器を演奏しているとき、指先だけがほんの少し動いていた。よく見ていないと見逃してしまう小さな動きだったが、セラピストが音を出しているときだけ指先が動き、音を止めると指先の動きも止まるのだった。その子は、一緒に演奏している気持ちでいたのである。

このように、子どもを表面的に捉えるのではなく真の姿を捉える力が、セラピストには要求されるのである。

［1］アセスメント

子どもとかかわるなかで目にする様子は、セッションをおこなっていくためにとても大事な情報となる。子どもを知らなければ、目標も設定できず、活動の内容も考えられない。当然のことだが、子どもを知らなければセッションはできないのである。このように対象者を知ることをアセスメント（評価・査定）という。アセスメントはセッションでまず最初におこなう。そこで得た情報によって、目標を設定するのである。また、セッションを継続するなかでも随時おこない、いまおこなっている内容が合っているかどうか、確認していくことが大切である。

アセスメントの内容は、対象児の生育歴、障害の状況、発達状況（運動面、認知面、情緒面、コミュニケーション面など)、音や音楽の場面での様子(好きな曲や音に対する反応、楽器の操作性など)、保護者の考え(母子関係、子育てに関して困っている点など)、などである。これらには、保護者と話して得た情報も生かしていくといい。

[2] 目標設定

次に、アセスメントから得た情報をもとに目標設定をおこなっていく。目標設定は個々の子どもごととグループごとにおこなう。

目標例としては以下のような内容が考えられる。

- 前庭・固有感覚を受け入れるなかで、スキンシップやボディイメージを育てる。
- 楽器に触れたり操作したりするなかで、見続ける力や視覚による運動のコントロール力を身につける。
- 情緒の安定、リラックスを図る。
- 外界に気づき、音・音楽を受け入れることができる。
- 運動面の発達を促進する。
- 社会性(社会への適応力)を養う。
- 対人・対物意識の向上と外界への自発的なかかわりの拡大を目指す。

※前庭感覚:頭の位置や動きを感じ、その変化に対応して身体や目の動きを生じさせる感覚。揺れやぐるぐる回し、高い高いなどがこの感覚への刺激になる。

※固有感覚：身体の各部位がどの位置にあるのかを認識させる感覚。手首やひじ、足の関節などの刺激が受容しやすい。

〔3〕プログラム設定

子どもやグループの目標を設定したら、それをもとに活動を考えてプログラムを組んでいく。活動にはそれぞれに応じたねらいがあり、個々の子どもやグループの目標と照らし合わせて選択する。プログラムはあらかじめ設定しておくが、当日の子どもの様子や状況に応じて変更する場合もある。セッションは臨機応変におこなわれるからだ。そのために、常に目標に応じた活動が提供できるよう、日頃から活動の内容を考えておかなければならない。

以下に、活動内容とそのねらいの一部を挙げる。

〔4〕セッション

プログラムが設定されたら、いよいよセッションをおこなっていく。では、先ほどのグループの子どもたちのセッションの様子を紹介しよう。例えば、ある日のプログラムは以下のとおりである。

①「あいさつの歌」
②歌唱活動「まっかな秋」（薩摩忠作詞、小林秀雄作曲）、「ちょっとまって ふゆ」（村田さち子作詞、渋谷毅作曲）、「ハグしちゃお」（阿木燿子作詞、宇崎竜童作曲）
③身体活動　身体接触遊び「ゆーらゆーら」

脳性まひ児の音楽療法における活動例とねらい例

活動の種類	活動例	ねらい例
歌唱	「あいさつの歌」「さようならの歌」	活動の始まりや終わりの意識、自分や他児の名前の意識、繰り返しによる安心感
	各種の歌	歌を活用したコミュニケーション、発声・発語の促進
	絵描き歌・パネルシアター	歌への興味、集中力の高まり（見る力・見続ける力）、イメージ力
身体活動	身体接触遊び「ゆーらゆーら」	前庭・固有感覚の受け入れ、人への意識の高まり、音楽と動きの一体感
	動作模倣遊び	身体への受け入れ、ボディイメージ、動作模倣、リズム同期、相手との一体化
	布遊び「ひらひらひら」	触覚の受け入れ、情動の発散、自己表現力（身体表現）
楽器活動	手で叩く楽器、バチで叩く楽器、振る楽器、すべらす楽器、吹く楽器、合奏	手の触覚受容、手の操作性、目と手の協応、追視、聴覚一運動のコントロール、情動の発散、呼吸の意識化・調整、口腔感覚の調整、いろいろな音や楽器への興味

④鑑賞　セラピストとアシスタントによるリコーダーの二部演奏「もみじ」
⑤楽器活動Ⅰ　ツリーチャイム
⑥楽器活動Ⅱ　ハンドドラム
⑦「さようならの歌」

セッションルームはフローリングのため、このグループのときには床一面に厚みのあるマットを敷く。一人で座位の取れるWちゃんとRちゃんはマットの上に座り、Oくんは座位を保持するためのイスをマットの上に置いて座る。首がすわっていないAくんは、アシスタントが抱いて参加する。全体はセラピストを中心に半円状になるように位置する。一回のセッションは約五十分である。

①「あいさつの歌」

まず初めに、セラピストが一人ずつに「こんにちは○○ちゃん、あくしゅでこんにちは～」と歌いかけていく。毎回決まった歌を歌うことで、安心感を持ちやすく、これから活動が始まるという意識が高められる。このグループはセッションを開始して一年が経っているため、子どもたちはみんなこの歌で始まることがわかっていて、安定した様子で参加している。

Wちゃんは、セラピストが顔を近づけるとニコッと笑い、「こんにちは」に「あー」と応えてくれる。そして、Wちゃんの右手近くにセラピストが手の平を上に向けて出すと、Wちゃんは左手を床に着いて身体を支え、右手をゆっくり合わせてくれた。そして、セラピストの手をギュッと握って、目をジッと見つめてくれる。Oくんは、身体に緊張が入り、動きをコントロールすることが難しいのだが、一生懸命手を伸ばして握手をしようとする。その手をセラピストが握り、お互いが笑顔であいさつを交わした。Rちゃんは、歌いかけている間、ずっとセラピストの目を見つめている。そして、歌い終わると笑顔を見せて、ゴロンと寝転がった。最後に、アシスタントに抱かれたAくんの顔を見て歌いかけると、Aくんが手足を動かし始めた。「Aくん元気だねー」と声をかけると、笑顔を見せてくれた。四人とも、これからみんなで一緒に楽しい時間を過ごそうという、期待に満ち溢れているようだ。

②歌唱——「まっかな秋」「ちょっこまって ふゆ」「ハグしちゃお」

歌唱活動には子どもの好きな歌や、季節に応じた歌、アニメソングなどを用いることが多い。声を出すことやことばを話すことが難しい子も、セラピストやアシスタントの歌を聴いて、一緒に雰囲気を味わうことができる。曲の好みは個々によって違うため、歌の活動を続けるなかで、子どもの表情やさまざまな表現のなかから選曲を考える。

セラピストが「さあ、最初は歌を歌おうね。何の曲にしようかなー。そうだ、いまは秋だから秋の歌にしようかな。みんな、いいかな？」と声をかけると、Wちゃんが笑顔で「あー」と応えてくれた。他の三人は視線をセラピストの方に向けて、歌が始まるのをジッと待っている。そして、ピアノの前奏が始まると、今度はみな一斉にピアノ伴奏者の方へ視線を向けた。歌の間は、セラピストやアシスタントの歌っている口を見る、ピアノ伴奏者を見る、セラピストと目を合わせてニコッと笑う、首を上下に小さく振る、声を出す、口を開ける……と、子どもたちの表現はさまざまだ。

二曲歌い終えたところで、セラピストが「あと一曲歌おうね。最後は何を歌おうかな？　この曲はどうかな？」と言うと、ピアノ伴奏者がある曲の前奏を弾き始めた。子どもたちのよく知っている曲だが、表情があまり変化しない。そして、Wちゃんが下を向いてしまった。この曲はあまり乗らないようである。「そっかー。じゃあ、こっちはどうかな？」とセラピストが言うと、伴奏者が曲を変えてアニメソングの前奏を弾き始めた。すると、Wちゃんが顔を上げてニヤッと笑った。「Wちゃん、これなら〇Kかな？」と聞くと、「あー」と返してくれた。Wちゃんはいつも、顔を上げ下げしたり表情を変えたりすることで、自分の意思を表してくれる。そして、「あー」という声も、高さを変えたり抑揚を変えたりして、そのときの自分の気持ちを表現してくれる。常に相手とやりとりをしているのである。このときの「あー」はとても大きな声で、部屋中に響き渡った。

この曲をみんなで歌い、四人ともいい表情のまま歌の活動を終えたのである。

③身体活動——身体接触遊び「ゆーらゆーら」

身体接触遊び「ゆーらゆーら」は、子どもと大人（セラピストやアシスタント）が座った状態で向かい合い、両手をつないで音楽に合わせて揺らしたり、手を叩き合ったりする活動である。また、抱っこで前後・左右に揺らしたり、子どもが寝た姿勢で手や足を揺らしたり、身体全体を軽くマッサージするなど、さまざまな動きを用いる。この活動をおこなうことで、身体への刺激（前庭・固有感覚）の受け入れをよくし、セラピストやアシスタントとのスキンシップを図ることができる。また、みんなで一緒に音楽に合わせて身体を動かすことで集団の一体感を得ることができる。

動作はあらかじめ数種類を決めてあるが、子どもによって取り入れる動きを変える。Aくんは首がすわっておらず、身体が低緊張の状態のため、アシスタント（もしくは母親）が抱いてそっと揺らしたり、寝た状態で両手を握って揺らしたり、身体全体を軽くさすったりする。アシスタントがピアノのリズムに合わせてわざと大げさに動いて見せると、Aくんが手の平をパタパタと動かした。また、母親がAくんの身体をくすぐると、声を出して笑い、手を止めるともっとやってほしいというように母親の目をジッと見た。そこでアシスタントが「もっとやってほしいの？」と聞くと、Aくんが瞬きをして「もっと」のサインを出してくれた。そこで、しばらく母親とのやりとりを続けた。

Oくんは、アシスタントと手をつなぎたくて自分の手を伸ばそうとしたが、緊張が強く入り、逆にひじが曲がり、指をギュッと握ってしまった。そのため、アシスタントが手の平をさすりながら緊張を緩めていくと、Oくんは指をゆっくりと開いた。そこで初めてアシスタントがOくんの手を握り、ゆっくりと左右に揺らし始めた。揺らす動きを徐々に速くすると、合わせてピアノ伴奏を速くする。Oくんはこの速い動きが好きで、徐々に気持ちが高まり笑顔を見せてくれた。そして、アシスタントが手を離そうとすると、目をジッと見て身体に力を入れる。「手を離さないで、もう一度やろうよ」というOくんの表現なのだ。自分の意思を思うように身体で表すことが難しいOくんだが、いつもまわりの人の動きや問いかけを感じ取っていて、自分が感じているということをいろいろなかたちで表してくれる。セラピストやアシスタントは、初めから○くんの表現をうまく感じ取れたわけではないが、毎回一緒に活動するなかで、徐々に彼の表現を汲み取ってきたのだ。

④**鑑賞——リコーダー二部合奏「もみじ」**

動いて疲れた身体を休め、リラックスすることを目的に鑑賞の時間を設ける。また、鑑賞では、ゆったりとした気持ちで音色や曲想を味わうとともに、じっくりと演奏に耳を傾け、集中力を養うことも可能である。毎回、セラピストやアシスタントがさまざまな楽器を使って演奏する。選曲には、季節の歌や子どもたちになじみのある歌で、落ち着いて聴けるテンポの曲を使うと子どもが喜んでくれる。この日は秋にちなんで「もみじ」をリコーダーで演奏した。

余談になるが、筆者（セラピスト）は音楽大学時代、副科楽器でリコーダーを選択していた。他にも、アシスタントのなかには、管楽器であるユーフォニウムや打楽器を専攻していた者や、趣味でフルートやオカリナを吹く者もいる。そういった、それぞれが得意な楽器を子どもたちの前で披露することも多い。子どもたちにとって、初めて聴く音や見る楽器もあり、とても興味を惹くようだ。また、同室で見学している保護者からも、普段は楽器の生演奏を味わう機会が少ないため、この時間を楽しみにしているという声をよく聞く。

⑤**楽器活動Ⅰ——ツリーチャイム**

ツリーチャイムは、少しずつ長さの違う金属の棒が、順に並んでぶら下がっている楽器である。手を横にすべらせて触って音を出したり、棒を握ったりして使う。スタンドに固定することもできるが、このグループでは単体で使用し、子ども一人に一台ずつ用いる。

まずは、セラピストが一台持って子どもたち全員の前でぶら下げ、楽器自体をよく見せる。そして、そっと触って音を出す。キラキラとした輝きに目を奪われる子、きれいな音色にジッと聴き入る子、早く自分も触りたくて手を出してくる子……ここでもまた子どもたちの表現はさまざまだ。子どもたちが、この楽器を触りたいという気持ちを十分に持ったところで、一人ずつに手渡す。

Rちゃんは、ツリーチャイムを床に置いて、並んだ棒の部分を両手で左右にこすっている。次に、両足を棒の上に置いてこすり始めた。手や足の表面から受ける刺激が心地よいようで、穏やかな顔をして遊んでいる。アシスタントがチャイムを持ち上げようとすると、手を出してチャイムを床に押し付け、まだ続けたい様子を表した。Rちゃんは、ことばを話すことはできないが、自分の意思は身体ではっきりと示してくれるのだ。そこで、アシスタントも一緒にしばらくこの遊びを続けた。十分楽しんだ後、再度アシスタントがツリーチャイムを持ち上げると、先ほどのように手で押さえることはなかった。そこで、Rちゃんの前にチャイムをぶら下げてみた。すると、Rちゃんが顔を近づけてきて、のれんのようにして、顔を下に向けてくぐらせた。このときRちゃんは、頭が金属棒の部分に触れる音と頭の感触が好きで、何度も繰り返しおこなった。

子どもたちが、それぞれ音を出し、しばらく楽器の音色や感触を味わったところで、ピアノ伴奏が静かに演奏を始める。ツリーチャイムの音色に合わせた曲を高音部で演奏し、全体の一体感をつくりだす。ピアノの曲が盛り上がると、子どもの手の動きも大きくなり、最後はまた静かに終わる。ピアノの音とツリーチャイムの音が止まり、シーンとした間ができると、全員が身体の動きを止め緊張感を味わう。そして、セラピストが静かに「はい」と活動の終わりを告げると、みんなホッとしたような表情を見せ、リラックスするように身体の力を抜いた。

⑥楽器活動Ⅱ——ハンドドラム

ハンドドラムは、木枠の表面に革を張った円形の打楽器で、いろいろな大きさのものがある。大きさによって、叩いたときの音が異なり、大きいものは低く響き、小さいものは高く軽い音がする。バチを持って叩いたり、手の平で直接叩いたりして使う。

Wちゃんは、バチで叩くのがお気に入りだ。マットに座っていると片手は必ずマットに着いてバランスをとるため、バチを思うように操作できない。そのため、このときは車イスに座る。アシスタントがドラムを持ってWちゃんの前に差し出すと、力の入りやすい左手でバチを持ち、力強く叩き始めた。叩いているうちに持っているバチがずれてくると、一度叩くのを止めて右手に持ち替え、再度左手で叩きやすい位置を握る。しばらくして、ピアノ伴奏が演奏し始めると、Wちゃんは一度伴奏者の方を向き、しばらく曲を聴いた後、またドラムを叩き始めた。Wちゃんは、演奏しながらも常にまわりの人を意識しているのである。しばらく演奏を続けた後、少し疲れたのか手を止めて、バチを床に落としてしまった。アシスタントが「Wちゃん、疲れたかな？　休憩にする？」と聞くと、「あー」と応えてくれた。そこで、セラピストが卵マラカス（卵の形をしたマラカス）を持ってきて「ちょっと見ててね」と言って、マラカスをドラムの上に落としてみせた。すると、音が鳴るのと同時にマラカスが跳ねる様子を見てとても喜んだ。そして、自分もやってみたい、と言いたいように手を出してきたのだ。マラカスを渡すと、セラピストがおこなったのと同じようにドラムの上に落としてみせた。その後、セラピストが落とし、Wちゃんが落とし……と交互に続けた。Wちゃんは、自分の番、相手（セラピスト）の番、という法則がきちんとわかり、相互のやりとりができるのだ。

子どもは、個々によって楽器へのかかわり方が違う。そして、楽器に触れることを楽しみ、触れる（操作する）なかでさまざまな感覚を養う。大事なことは、子どもが自ら楽器に向かおうとする力を育てることである。そして、みんなで同じ楽器を演奏する一体感を味わったり、他の人が出す音に興味を持ったりすることも、楽器活動の大切な目的である。

⑦「さようならの歌」

活動の終わりを意味する「さようならの歌」である。「あいさつの歌」と同じように、セラピストが子ども一人ずつに歌いかけ、終わりを感じさせていく。「みんなで楽しい時間を過ごせたね」という一体感、「頑張ったね」という達成感、「また次回もみんなで楽しい時間を過ごそうね」という期待感……、いろいろな思いをみんなが持って、静かに活動を終えていく。

［5］まとめ

どのような対象者に対しても基本的に同じだが、特に脳性まひ児をはじめとする肢体不自由児に対するセッションでは、彼らの一生懸命な表現を見落とさないよう努めることが大事である。音を介したコミュニケーションの目的は、あくまでも相互的なやりとりであって、一方的な判断でおこなうものではない。子どもの表現に丁寧に応じられるよう、私たちは全身にアンテナを張り巡らせて、常に目と感性を養っていかなければならないのである。

また、子どもに対するセッションでは、同時に保護者や家族へのサポートも大切である。保護者がどのような思いで子育てをし、日々の生活をしているのか。それを真に理解することは難しいことだが、気持ちに寄り添い、子どものことを一緒に考えていくという思いを持つことはできるのだ。

2・3 知的障害者の音楽療法

ここは、入所型の知的障害者更生施設Rのレクリエーションルーム。今日は週一回の音楽療法の日だ。セラピスト一人とピアノ担当者一人が訪問し、二グループのセッションをおこなう。最初のグループの開始まで三十分ある。この部屋にはピアノがないため、電子ピアノを持っていく。いつもの場所に電子ピアノを設置し、その他の楽器や道具を目立たないように箱に入れ、机の下に置いた。そして、記録のためのビデオカメラを設置し終わると、音楽療法担当の若い職員（男女一人ずつ）がやってきた。いつも一緒にセッションに参加してもらっている。「今日もよろしくお願いします。」あいさつを交わし、セラピストが今日のセッションの流れを説明する。援助してもらいたいことなどを細かく伝えた後、クライアント（対象者）の状態を聞く。「けさ、苦手な歯ブラシ指導があったので、みんな少し興奮ぎみです。特にAさん（二十歳、男性）は落ち着かないようで、終わってからもずっと部屋を歩き回っています。それから、先日お話ししたBさん（四十五歳、女性）が今日から参加します」「わかりました。では、今日はみなさんの様子を見ながら、少し気持ちを発散した後、徐々に落ち着けるような活動を組んでいきましょう。Aさんには、職員さんが付き添って、興奮が激しいようでしたら、最初は少し離れたところで参加してもらい、Bさんは初めてですので、無理なく参加してもらいましょう」

グループのメンバー（二十歳から五十五歳までの男性五人と女性四人）が部屋に入ってきた。今日は十回目のセッションである。セラピストが一人ずつの様子を見るため、近づいていく。ことばを話せる四人とは簡単なあいさつのことばを交わす。ことばを話せない人とは、話しかけたり握手をしたり、アイコンタクトをとったりして交流を図る。やはりAさんは落ち着かない様子で、目を合わせずその場で跳びはねたり歩き回ったりしている。他の人たちは、Bさんを除いて比較的落ち着いているようで、半円状に一列に並べたイスの好きな場所に座った。Aさんは、少し離れた壁際にイスを置き、職員に促されて着席した。

ところで、みなさんはこのような施設をご存じだろうか。ここで少し説明しておこう。

知的障害者の施設には以下のような場がある。

- ●デイサービスセンター：障害者またはその介護をおこなう人が通い、創作活動や社会生活に適応するために必要な訓練、または介護方法の指導などをおこなう。
- ●更生施設：入所または通所し、日常生活に必要な指導と訓練をおこなう。
- ●授産施設：入所または通所し、自活に必要な訓練や就労を目的に作業をおこなう。
- ●福祉ホーム：主に重度障害者が利用する生活の場で、長期間利用でき、介護サービスも保障されている。

このように、障害者が生活している場はいろいろであり、障害の程度も個々によって異なっている。そのため、受けている支援内容もさまざまであり、その支援の一つである音楽療法の目標もそれぞれ異なるのである。共通していることは、彼らのQOL（Quality of Life＝生活の質）の向上を目指すことが大事だということである。つまり、音楽療法を通して、彼らが豊かな生活を送っていくためのお手伝いをする、ということである。

さて、話を先ほどのグループに戻そう。

この日初めて参加するBさんは、この施設に入所したばかり。それまでずっと自宅で生活していて外に出たことがなかったが、両親が高齢になり自宅での介助が困難になったために入所してきた。セッションに参加するため職員に促されて入室し着席したものの、すぐに立って部屋を歩き回ってしまう。初めての場で何がおこなわれるかわからず不安なようだ。何かを探しているような様子も見られる。職員が「施設にもまだ慣れていなくて、すぐ部屋から出てしまい、廊下を歩き回っているのです」と話す。「わかりました。ではBさんは、無理に活動に参加してもらおうとせず、今日はこの部屋に少しでも長くいられることを目標にしましょう」

グループに応じたセッションの目的はあるものの、個々の目標はそのときどきに応じて変わっていく。Bさんを例にすれば、いまはまだ精神的に不安定なうえ施設にも慣れていない。数十年間、自宅以外の場を知らず、いろいろな経験が少ないのだから、不安を感じて当然である。そのため、まずは部屋にいられること、次に何かの活動に少しでも参加できることを目標とする。参加できる活動や時間が増えたら、みんなで一緒におこなうことを楽しむことや、個人のスキルの獲得などが目標になってくる。このように段階を追うことが大切になってくる。Bさんにとって、音楽療法の時間が余暇活動として充実し、生活の張り合いとなれば、QOL向上という目的をも達成していくことになるだろう。

ではここで、知的障害者の特性について述べておこう。

●知的障害者とは、主に「IQ（知能指数）七〇以下で、社会適応に問題となる行動があり、十八歳までに知的機能の低下が認められた場合」をいう。

●日本人の平均寿命が延びているように、知的障害者の寿命も延びてきている。例えばダウン症の平均寿命は、以前は二十年に満たないといわれていたが、最近の研究では四十二年から五十五年ともいわれている（ストラウス&エイマン）。知的障害者も同様であり、このように多くの知的障害者にとって、人生の三分の二以上を成人として過ごすのは当然のことになっている。

●知的障害者では早い時期から加齢が始まるのではないかと指摘されている。これはダウン症の研究から始まったものだが、最近では他の知的障害者にも、早期老化現象が認められるといわれている。

●加齢変化で客観的にわかりやすいのは、白髪やしわのような外見的な変化である。その他の身体的変化では、筋・骨格系、循環器系、呼吸器系の疾患の増加、視覚や聴覚機能の低下が挙げられる。

●加齢による知的な変化については、さほど衰えは見られない。むしろ成人期以後に発達的に変化しうるという研究結果も見られる。ただし、もともとの知的障害によって、知的障害者のほとんどが重度の認知症と判定されるケースが多い。

右記のような特性をふまえたうえで、知的障害者の音楽療法での目標を設定すると主に次のようになる。

- 自立に向けた各種スキルの獲得や発達促進
- 適切な行動の増加と不適切な行動（自分や他人に害を及ぼす問題行動）の減少
- 現状の身体的機能の維持・改善
- 情緒の安定、ストレスの発散、リラックス
- 社会性を養い、コミュニケーション能力を高める。
- 余暇活動の場として充実した時間を過ごす。

では、目標を確認したところで、セッションの流れを見ていこう。

①「**あいさつの歌**」

まず初めに、セラピストが一人ひとりに歌いかける。セッションも三カ月目に入り、活動の流れを理解している人もいて、なかでもCさん（男性、三十歳）はこの歌いかけで名前を呼ばれることがうれしい。順番を待つ間も笑顔を見せ、いざ順番が来るとうれしい気持ちを抑えきれず、身体を前後

に揺らして喜びの声を出す。そして自分から手を出して握手をする。Dさん（女性、四十五歳）やEさん（女性、三十二歳）は落ち着いており、歌いかけに対し「こんにちは」と静かに応える。Bさんは着席していたが、セラピストが自分の前に来た途端、顔を下に向けてしまい席を立とうとした。軽く手に触れ、あえて目を合わせないように歌いかけると何とか着席していられた。Aさんには離れたところから歌いかけ、セラピストが手を出してみせる。すると、壁際から走ってきて手を合わせると、また急いで壁際に戻った。

「あいさつの歌」で一人ひとりに歌いかけることは、いくつかの大きな目的がある。まず〝これから活動が始まるのだ〟という意識づけになる。知的障害を持った人は、活動の流れを理解することが難しく、不安になることが多い。そのため、見通しを持ってもらうために、始まりと終わりをわかりやすく示すことが大事なのである。歌でおこなうと、ことばで開始や終了を伝えるよりも柔らかくなり、さらに毎回同じ歌を歌うことで安心感を覚えやすい。また、一人ずつ名前を呼ぶことで、本人の参加の意識を高めるとともに、他の参加者への意識を持つこともできる。〝今日は〇〇さんと一緒に音楽をやるのだ〟と自身で確認することは、社会性を高めるために大事なことなのである。

②歌唱——「パッパパッパ」「気球に乗ってどこまでも」（東龍男作詞、平吉毅作曲）

「パッパパッパ」（加藤博之『子どもの豊かな世界と音楽療法——障害児の遊び＆コミュニケーション』明治図書出版、二〇〇五年）は、発声を兼ねて毎回取り入れている曲である。「パッパパッパ」と促音で歌い始め、さらに同じメロディーを倍のテンポで「パパパパパ……」と連続的に発音する。その後、促音に続き母音の発声を取り入れ、「あーあ」「うーう」など長く伸ばして歌う。ことばがない人や少ししか出せない人でも、みんなと一緒に声を出しやすく、場の一体感が生まれる。ここで声を出しておくことで、次の「気球に乗ってどこまでも」を歌うときに、リラックスして参加できるようだ。歌唱の際には、模造紙に大きく歌詞を書いて張り出すとよりわかりやすい。

このグループには、ことばのない人が半分以上いる。発達障害を持つ小児には、さまざまな療育の場で発語を促すプログラムが組まれているが、成人になるとそれも少なくなってくる。特に施設に入所している人にはほとんどその機会がない。しかし、成人になっても発達の可能性はあるのであり、それを促していくためのプログラムが必要だと感じる。気をつけなければいけないことは、あまり訓練的におこなうと、彼らの負担になり参加意欲を削いでしまうということである。その点、音楽活動の場面では、強制的にならず楽しみながらおこなえるという利点がある。

③身体活動――「幸せなら手をたたこう」（きむらりひこ作詞、スペイン民謡）

着席したまま、「幸せなら手をたたこう」をおこなう。途中に入る動作「手をたたこう、パンパン」の部分は、対象者の状態に合わせて取り入れられるよう、あらかじめいろいろな種類の動きを考えておく。身体の一部に触れるという簡単な動きから、左右非対称の動きなど徐々に難しくしていく。モデル（セラピスト）の動きをよく見て同じ動きをすることで、集中力や模倣の力が高められる。また、動作をイメージさせるような動きを取り入れることで、想像力を豊かにする。ちなみにこの日の朝、歯磨き指導があったということで、「歯を磨こう、シャカシャカ」と歯磨きの動き（イメージ）を取り入れたところとても喜んで、Dさんから「うがいもしないと」という声が上がり、「うがいしよう、ガラガラペッ」という動きもおこなった。

④集団活動──パラバルーン

パラバルーンは、運動会などでよく使われる、大きくてカラフルな丸い布である。パラシュートとも呼ばれている。イスから立ち上がり、みんなでパラバルーンのまわりを持ち、ピアノの曲に合わせて、ふんわりと上下させたり、波のように速く揺らしたり、手に持ってみんなで歩いて回ったりする活動である。初めは他の人の動きや音楽に合わせることが難しく動きがずれてしまう人も、一枚の布を介して大きな輪や波が生まれ、次第にその動きを意識するようになる。

先ほどまで壁際にいたAさんが、走ってきてパラバルーンの下（床）に座り込んだ。ニコニコしながら上を見上げ、パラバルーンの動きを楽しんでいる。このように、パラバルーンはさまざまなかたちで参加でき、また遊びを作り出していくことができる創造的な活動なのだ。ちなみにAさんは、この後の活動はすべてみんなと一緒に参加できた。

集団活動には、みんなで手をつないで輪を作って動く活動などもあるが、成人の（特に男女が交ざっている）場合、手をつなぐ行為を好まない人もいる。そのため対象者の様子に応じて活動を考える必要がある。パラバルーンの活動は、対象者同士は直接手をつながないもののみんなで同じ動きをすることで一体感を持ちやすく、人に合わせる力を養うことができる。

⑤楽器活動Ⅰ──輪になってコンガを叩こう

全員がイスに座って円を作る。円の中央にコンガを一台置き、曲に合わせて一人ずつ順番に叩いていく。コンガは民族楽器のひとつで、革製の打面に樽型の胴をしている。手で直接叩くので振動を感じやすく、革独特の柔らかい音なので、比較的誰にでも好まれやすい楽器である。

初めにモデル（セラピスト）が、八小節の短めの曲（ピアノ伴奏）に合わせて叩いて見本を示す。大げさに叩いて見せ、最後に両手を上げてポーズをとると、拍手が沸き起こった。Cさんはこのような場で盛り上げることがうまく、ことばはないものの、立ち上がって笑いながら拍手をし、みんなにも同じように要求するのだ。すると、ついつられてみんなも拍手をする。場は一気に盛り上がった。「では、みなさんも順番に叩いてみましょう」とセラピストが言うと、手が挙がる。またCさんである。「はい。ではCさんから順番にこちら回りに叩いていきましょう。Cさんどうぞ！」。一人ずつ立ち上がって真ん中に置かれたコンガを叩く。恥ずかしそうに出てきて、そっと片手で叩くDさん。リズムに合わせて、ニコニコ笑顔で叩くEさん。自分で順番がわかって出てこられる人には特に援助はおこなわないが、順番がわかりにくい人には「はい、○○さんどうぞ」という声かけなどをおこなう。ところがFさん（男性、四十歳）は自分の番になっても出てこない。名前を呼ぶと下を向いて首を横に振る。そこで、セラピストが着席しているFさんの前にコンガを持っていった。「一緒に叩きましょう」と言ってしばらくすると、Fさんはそっと手を出して叩き始めた。

みんなが見ている場で自分を表現することが苦手だったり、状況がわかりにくいと感じる人は少なくない。しかし、その時間に自分も一緒に参加できたという経験は、大きな達成感や満足感を得ることになり、自己実現への第一歩となるのだ。

⑥楽器活動Ⅱ——みんなでトーンチャイム演奏

イスを半円状に戻して全員が着席したところで、セラピストが両手にトーンチャイムを持って静かに前に立つ。全員の視線がこちらに向いたところで、ゆっくりとした動作で右手に持ったチャイムを鳴らす。澄んだ響きと、シーンとした空気の音が調和する。最後の残響音が消えるまで、みんなでジッと聴き入る。消えた後には、またシーンとした空気の音だけが残る。この、音が終わった後の間を味わうことは、集中力と緊張感を生む。次に先ほどより少し速い動作で、右手のチャイム、左手のチャイムと順に音を鳴らす。すると、今度は二つの音が重なり響き合い、先ほどとはまた違った雰囲気を醸し出す。そのまま、対象者に一本ずつチャイムを手渡していくと、それぞれが音を出し始め、響きがどんどんと膨らんでいく。先ほどの緊張感の後だからこそ、音を鳴らし始めたときの開放感を感じ取りやすい。

チャイムの音は、あらかじめペンタトニック音階（ファとドを抜く五音音階）で統一しておくと、不協和音にならず、とても心地よい。ピアノ伴奏を静かに弾き始めると、その二拍子に合わせてみんなが音を鳴らす。その後、伴奏が三拍子の曲へと変わる。するとFさんが、チャイムを手に持ったまま身体を前後に揺らし始めた。まさに音楽を全身で感じ取って、感じたままに身体で表現しているのだ。曲が盛り上がってくると身体の揺れも大きくなり、終わりに近づき音が小さくゆっくりになると、身体の揺れも小さくなってくる。そして、チャイムの音、ピアノの音、Fさんの身体の揺れが曲の終わりとともにスーッと止まる。数秒間のシーンとした沈黙の時間。そして拍手。このうえない一体感を味わうひとときだった。

⑦「さようならの歌」

静かな雰囲気のまま、最後の「さようならの歌」に入る。「あいさつの歌」と同じように、セラピストが対象者一人ずつに歌いかけ、活動の終わりをみんなで感じていく。

終わった後も、セッションの部屋からなかなか出ようとしないAさんとCさんは、セラピストや職員が片付けをしている間、穏やかな表情でそれを見ている。途中、一緒に片付けを手伝ってくれた。そして、セラピストが「Aさん、Cさん、ありがとう。おかげで早く片付きました。また来週お会いしましょう」と言うと、満足した様子で、二人とも走って自分の部屋へ戻っていった。

障害者を取り巻く環境は、いままさに変化のときを迎えている。二〇〇六年四月、障害者の地域での自立生活を支援するための障害者自立支援法が一部施行され、十月から本格的に開始された。これによって個々の障害の程度やニーズに応じたサービスを受けられるようになり、「地域生活支援」や「就労支援」といった新たな課題へ対応するための事業も実施され始めている。その一方、これまでと同じサービスが受けられず、困惑しているケースも見られる。さまざまなサービス体制が変化していくなか、やはりいちばん大切にしなければいけないことは、〝障害者側の視点〟だと思う。周囲の目で判断した支援内容と、彼ら自身が本当に受けたい支援が一致していなければ、本当の支援とはいえないだろう。音楽療法の場も同様に、押し付けであってはいけない。この場に来ること、このセラピーを受けることで、彼らの生き方がより充実したものになり、QOLを高めることが望まれるのである。

2・4 高齢者の音楽療法

「音楽クラブが始まりますよ～。食堂へ行きましょう」。廊下で職員が声をかけると、二、三人の入所者（女性）が部屋から出てきた。音楽療法のメンバー（クライアント）は全部で十人。残りの人は、職員とセラピストが手分けして、部屋へ迎えにいく。

ここは、特別養護老人ホームAという介護が必要な高齢者が入所している施設である。音楽療法ということばはクライアントにとって聞き慣れないため、ここではわかりやすく音楽クラブといっている。セラピスト一人（筆者）とピアノ担当者一人が訪問し、毎週一回のセッションをおこなっている。今日は十七回目。

「すみません。今日は飛び入りが五人も加わってしまいますが、よろしいでしょうか？」と職員が相談にきた。よくあることだ。メンバーでない人が突然参加したいと言ったり、施設の行事の都合などで、数人増えることがあるのだ。「大丈夫ですよ」。こんなときのために、セラピストは楽器などを多めに用意している。ということで、総勢十五人の対象メンバーと男女一人ずつの職員、そして、セラピストとピアノ担当者、三人のアシスタント（音楽療法担当の施設ボランティア）がピアノが置いてある食堂に集まった。食事のテーブルを動かしイスを半円状に並べ、この時間は音楽室へと変わるのである。歩ける人は自分でイスに座り、車イスの人は職員が連れてきてくれる。全員が座り、職員やアシスタントが入ったところでセッションの開始である。

さてここで、高齢者の音楽療法をおこなううえでまず初めに考えなければならない目標について述べておこう。

●運動機能の維持・回復、呼吸器官・言語能力への刺激、心身の活性化
●過去から現在までの長い期間の記憶への刺激（回想）
●最近の出来事など短い期間の記憶への刺激、現在の状況の把握（見当識）
●情緒の安定、ストレスの発散、リラックス
●自己実現・自己表現の場を持つことで満足感を得る。
●他者との交流を図り、コミュニケーション能力を高めることで、社会との接点を持つ。
●娯楽・余暇活動の場を持つことで、生活にメリハリをつける。
●不適応行動（徘徊など）の減少

以上は目標の一例だが、セラピストにとって大事なことは、高齢者が残された人生を「ただ生きる」のではなく「いかに生きていくか」を自分で考える手助けをおこなうということである。近年、QOLの高まりが注目されているが、高齢者もまた同様にQOLを高めることが最も大事な目的の一つになる。

目標を確認したところで、次にセッションの流れを見ていこう。

毎回のセッションは、始まりのあいさつ（導入の歌）と終わりのあいさつを含めて、七、八の活動

をおこなう。以下が高齢者の音楽療法の活動例である。

①始まりのあいさつ、終わりのあいさつ

あいさつをおこなうことで、これから音楽活動が始まる、また、これで音楽活動が終わると認識してもらう。これは、生活の流れを意識してもらうためにとても大切である。ことばでおこなう場合、わかりやすいように、ゆっくりはっきりと簡潔に伝える。また、毎回決まった歌（「あいさつの歌」「さようならの歌」）を歌うことで、「この歌は音楽活動の始まり（終わり）だ」と認識してもらうねらいもある。

今回のグループのメンバーは、程度はさまざまだが全員が認知症を患っている。認知症の人は、今日がいつなのか、ここがどこなのか、いま何をするためにここにいるのか、など自分の置かれている状況を理解することが難しい。そのため、現在の状況を把握してもらう（見当識を高める）ために、まずはセラピストから「みなさん、こんにちは。これから音楽クラブが始まります。今日は、七月三日です。外は雨が降っていましたよ」などとあいさつを兼ねたことばがけをおこなう。すると、Aさん（六十八歳、女性）が、「雨ですか」と応えてくれる。他の人は、寝ている人が多いのだが、なかには同じように「雨か」と繰り返したり、窓の方を見たりする人もいる。「ええ、雨です。まだしばらく雨の日が続くようですよ。今年は梅雨明けが遅くなりそうですね」。しばらくこのような会話を続けた後、「では、みなさんで雨の歌を歌ってみましょうか。この曲ご存じですか？」と言い、ピアノを一曲通して弾いてみる。すると、先ほどまで寝ていたBさん（七十八歳、男性）が目を開け、「あめあめふれふれ……」と歌いだした。「Bさん、ありがとうございます。ご存じでしたね。では、もう一度みなさんで歌ってみましょう。……（ピアノ前奏）……あめあめふれふれ母さんが～」と導入の歌へと入った。

「はい、雨の気分を味わえる歌でしたね。私も子どものころ、母に傘をさして迎えに来てもらったことがあります。なんだか懐かしいですね。さて、梅雨が終わるとやってくるのが、暑い暑い夏です。私は夏になると冷たいものが食べたくなるのですが、う～ん、例えばカキ氷。あずきなんかいいですね。みなさんはどんなものが食べたくなるでしょう。Cさん（七十歳、女性）は、何が食べたいですか？」。セラピストが尋ねる。すると「おだんご」と小声ではあるが、はっきりと答えてくれた。「おだんごもいいですね。Dさん（七十二歳、男性）は何が食べたくなりますか？」「……」「おだんごは好きですか？」「はい」。そして、Aさんが「私はお寿司をおなかいっぱい食べたい」と言い、この後しばらく食べ物の話が続いた。このように会話を続けていくことが、言語能力や思考能力への刺激になり、脳の活性化を図ることになる。また、一つの話題をみんなで話すということは一体感を生む。

「では、おいしい話で盛り上がったところで、次はみなさんで少し身体を動かしてみましょう」

②身体活動

音楽に合わせて身体を動かすことで、身体機能が刺激され、ストレスの発散につながる。また、音が止まったら動作をおこなうなどすることで、即時反応や集中力を高めることに役立つ。手遊びやイスに座ったままおこなえる簡単なストレッチ体操から、身体全体を使った体操、みんなで輪になってボールを回したり、手をつないで動いたりするなど、さまざまな活動がある。取り入れる動きは、正クライアントの状態に合わせる。また、夏祭りのシーズンには盆踊りの曲に合わせて動いたり、月には餅つきの動作をしたりと、季節や行事に合わせた動きを取り入れても面白い。

「ピアノの曲が止まったら、私が身体のどこかの場所を言いますので、そこを両手で触ってください。私が一回やってみますね」。ピアノが「ごんべさんの赤ちゃん」（作詞者不詳、アメリカ民謡）の曲を一曲弾き、セラピストが合わせて歌う。曲が終わったところでセラピストが「頭！」と言って、自分の頭を両手で触って見せる。「こんな感じです。よろしいですか？　では始めましょう」

しばらく続けると、徐々にクライアントの反応がよくなってくるのがわかる。今日は「頭、肩、お腹、ひざ、頭」の順に五回おこなった。

「はい、お疲れさまでした。では、次はまたみなさんで歌を歌いましょう。今日は七月三日、あと四日経つと、七月七日です。七月七日は何の日でしょう？……」。なかなか声が上がらないので、ピアノが「七夕さま」（権藤花代／花柳波作詞、下総皖一作曲）を弾き始める。「ああ、七夕」とAさん。「そうですね。七夕ですね。これから歌詞を書いた紙をお配りしますから、みなさんで歌ってみましょう」。歌詞を書いたA４用紙をアシスタントに配ってもらうと、Eさん（女性、七十八歳）は丁寧に折りたたんでポケットに入れ、Fさん（女性、八十歳）は口に入れようとした。このような行動があるので、ものを手渡すときは特別な配慮が必要である。あらかじめ職員から日頃の様子を聞いておいたり、手渡したものをどのように扱うかしばらく見届けるなどして、クライアントによって渡し方を変える。例えば、口に入れてしまう人の場合、手渡した後アシスタントが手を支えて一緒に持ったり、直接手渡さず職員に持って見せてもらうなどの援助をおこなう。今回は、Eさんにはアシスタントがついてポケットから用紙を出してもらい、一緒に持って見ることにした。Fさんは職員が用紙を持って、一緒に見てもらうようにした。「では、歌ってみましょう。♪ささのはさらさら〜」

③歌唱

歌唱は、対象者の状態や場の状況などがさまざまであっても、取り入れやすいため、よくおこなわれている活動である。声を出すことによって、呼吸器官への刺激になり、また、ストレスの発散につながり、気持ちを活性化することに役立つ。人にはそれぞれ思い出に残る歌がある。特に高齢者は長い人生のなかで、歌とそのときの状況が結びついていることも多い。懐かしい歌を歌うことで、人生を振り返り、記憶力を維持することにつながるのである。また、声を出すことが難しい人でも、伴奏に合わせて身体でリズムを感じたり、歌詞を頭のなかでなぞることができ、声は出せるが歌を歌うことが難しい人は、ハミングなどで参加することもできる。それぞれの表現方法で自由に参加できるのである。そして、大切なことは、自分がいまそのグループのなかにいて、みんなでこの場を共有しているのだという一体感を持ってもらうことである。

「はい。身体を動かし、歌も歌って少し疲れましたね。ここで少し休憩しましょう。ピアノの先生にすてきな曲を弾いてもらいますから、ゆったりとお聴きくださいね」

ピアノがゆっくり曲を弾く。ピアノを見つめてジッと聴いている人、目をつぶって聴いている人、寝ている人。さまざまだ。曲が終わり最後の音が消えて数秒後、セラピストが小さめの声でゆっくりと語りかける。「すてきな音楽で、気持ちよかったですね。「浜辺の歌」（林古渓作詞、成田為三作曲）という曲でした」

④鑑賞

高齢者（特に施設で過ごす人）は、活動の範囲が限られていて、毎日を単調に過ごしていることが多い。そのようななかで、生の音楽にふれる時間は、日常を変化あるものにしてくれる。静かな曲を自由な姿勢で聴くことで、心身ともにリラックスし、気持ちを安定させることができる。また、耳にしたことがある曲を聴くことでそれぞれが思い出に浸ったり、その思い出を語り合ったりするなど、コミュニケーションに発展していくことも多い。自発的に動くことが難しい人も、音楽を聴いて感じることで、脳が刺激を受けて心身の活性化につながっていく。

「では、リラックスできたところで、次はまた音楽に合わせて身体を動かしてみましょう」。まだ数人が寝ているが、職員が声をかけ肩を叩いたり身体を揺らしたりすると、目を開ける。そこで体操の活動へと入っていく。

「みなさん「あんたがたどこさ」を知っていますか？　歌いながらまりを手でつく、手まり歌です。この歌を一度歌ってみますね。♪あんたがたどこさひごさ〜……。さて、この歌のなかには、ある文字がたくさん出てきます。なんだかわかりますか？」「……」。数人が、一生懸命考えながらセラピストを見ている。「では、もう一度歌いますよ」。今度はセラピストが「さ」の部分だけ強調して歌う。Aさんは何となく気づいた様子。「実は、「さ」がたくさん出てくるのです。では、私がこの歌を大きな紙に書いてきましたから、一緒に見てみましょう」。職員に手伝ってもらい、模造紙を壁に貼る。「さ」はあらかじめ濃く書いてある。「「さ」がこんなにたくさんあるのですね。いくつあるかみなさんで一緒に数えてみましょう。一、二、三……十一。はい、ありがとうございます。十一個ありました」

「では、この歌に合わせて体操をしますよ。私がやってみますから、見ていてくださいね」。歌いながら、拍に合わせて両手でひざ打ちし、「さ」のところだけ両手を合わせて叩く。「こんな感じです。最初はひざを叩いて、「さ」のときだけ手を叩きますよ」。ジェスチャー交じりで再度説明する。「では、みなさんでやってみましょう。最初はゆっくりですよ。はい！ ♪あんたがたどこさ ひごさ〜」。十五人のうち、七、八人の人は手を動かしている。そのなかで歌に合っている人は二、三人である。残りの人は、ずっとひざを叩いていたり、手拍子をしていたり、ときどき手やひざを叩いたり、である。でも、これはとても意味のあることだ。身体を動かしてみよう、という気持ちを持つことが大切なのだ。「みなさんおじょうずですね。では、今度は少し速くなりますよ。いきます！……はい。お疲れさまでした。いかがでしたか？」。笑顔とともに「簡単だ」「疲れた」などの声が上がる。「では、今度は、いまの「あんたがたどこさ」の曲に合わせて楽器を鳴らしてみましょう」

⑤楽器活動

高齢者のセッションで、楽器活動は、身体機能の維持・向上などの目的で使用されることが多い。楽しみながら手や身体を使う（振る、叩くなど）ことで、訓練的にならないというメリットがある。また、みんなで一緒に音を鳴らすことによって一体感を生みやすく、人前で演奏することによって達成感や満足感も得やすい。しかし、なかには楽器を初めて触る人や楽器に対して苦手意識を持っている人も少なくないので、おこなう際には配慮が必要である。

セラピストが楽器を一人ずつに配る。選択できる人には、タンバリンと鈴の二つを持っていき「どちらがいいですか？」と聞いて、自分で取ってもらう。選択することが難しい人には、身体の機能（手先のまひなど）に配慮して、セラピストが選択して渡す。先ほど歌詞を書いた用紙を口に入れたFさんは、鈴も口に入れてしまうため、職員が一緒に持って援助してもらった。

「では、みなさん一緒に音を出してみましょう。曲に合わせてどうぞ！」。ここまでの活動では、途中で寝ることが多い人もいたが、楽器を渡されてからはほとんどの人が起きている。まひのある手で一生懸命に鈴を鳴らしている人。ひざの上にタンバリンを置いて、そっと叩いている人。ときどき楽器を落とすことはあるが、このグループには、投げてしまう人ややりたがらない人はいない。続いて、セラピストが「曲が変わりますよ」と言い、ピアノが「ソーラン節」（民謡）を弾くと、楽器を鳴らす音が次第に大きくなっていく。合いの手の「ハイハイ」の部分で、セラピストが大げさに鈴を振ってリズムに合わせて鳴らすと、模倣して同じように演奏する人もいる。

「はい、みなさん、楽器がおじょうずでしたね。だんだん音が大きくなっていきましたよ。では、楽器を集めさせていただきますね。……最後に、今日は女性の方が多いですから、娘が出てくる歌を歌って終わりにしましょう。「銀座カンカン娘」（佐伯孝夫作詞、服部良一作曲）という歌です。ご存じでしょうか。では、歌詞を書いた紙を貼りますね」と、大きな字で歌詞を書いた模造紙を前に貼る。知っている人が数人いて、なかでも、Aさんや今日はあまり声を出していなかったGさん（六十五歳、女性）は、しっかりとした大きな声で歌っている。

「みなさん、だいぶ音楽クラブに慣れましたね。どうですか？　歌を歌ったり、楽器を鳴らしたり、楽しいですか？　それとも疲れますか？」とセラピストが尋ねると、「この年になって、こんなに楽しい思いをさせてもらえるなんてありがたいです」とAさん。続いてセラピストが「私たちもみなさんとご一緒に過ごさせていただくことがとても楽しいです。こちらこそありがとうございます。それから、こんな歌を歌ってみたい、というリクエストはありますか?」と尋ねると、Bさんから「荒城の月」(土井晩翠作詞、滝廉太郎作曲)を歌いたい」、Hさん(六十七歳、女性)から「氷川きよしもいいわね」と声が上がる。「みなさんからのリクエスト、とてもうれしいです。ありがとうございます。ぜひ入れたいと思います。では、今日はこれで終わりますが、また来週の月曜日、ご一緒に音楽を楽しみましょう。お風邪などひかないように気をつけてくださいね。さようなら」

セッション開始時は寝ている人が多く発言も少なかったが、四十五分間の活動を終えると、多くの発言が聞かれるようになった。大抵、毎回のセッションがこのような感じになる。前回のセッションと同じことや似たようなことをおこなうことで、記憶が存続する人もいる。

この後、メンバーは牛乳やコーヒー牛乳のおやつタイムになる。セラピストとピアノ担当は片付けをした後、施設ボランティアの人たちとともに反省会(フィードバック)をおこなう。

特別養護老人ホームAでおこなったある日のプログラムは以下のとおりである。

①はじまりのあいさつ、導入の歌　「あめふり」
②身体活動Ⅰ　即時反応動作(身体部位)
③歌唱Ⅰ　「七夕さま」
④鑑賞　「浜辺の歌」

⑤身体活動Ⅱ　「あんたがたどこさ」
⑥楽器活動　タンバリン、鈴
⑦歌唱Ⅱ　「銀座カンカン娘」
⑧おわりのあいさつ

高齢者の代表的なセッション形態は以下のとおりである。

●週一回から二回、一回四十五分程度。
●一グループ五人から十人程度。対象者は男女比や障害の程度に偏りがないようにするといい。
●クライアントは半円状に座る。その前方中央にメインセラピストが立つ。クライアントの間には、アシスタントや職員（介護職、看護職など）が入り、一緒に活動をおこなうと同時に、健康状態や精神状態にも配慮する。

また、高齢者の音楽療法での配慮点は以下のとおりである。

①歌・曲の選択と伴奏について
●歌の選曲のため、あらかじめ個人の好みの曲を知っておく。
●季節の歌や唱歌、童謡、流行歌などを用いるといい。また、曲調の違うもの（長調の曲と短調の曲、アップテンポの曲とゆったりとした曲、など）を取り交ぜて用いるとメリハリがつき、活動に集中しやすくなる。

- 活動中に曲をリクエストされることも多いので、セラピストはさまざまなジャンルの曲を習得しておく必要がある。対象者がいつの時代を生きてきたのか、鮮明に思い出す時代はいつごろなのか、をふまえて当時の流行歌などを練習しておくことが大切である。
- 曲の選択には配慮が必要である。特に、過去の出来事（戦争など）に関連する曲の場合、回想する（思い出す）ことで感情的になる場合も多いため、反応をよく見る。
- 対象者の音域に合わせて伴奏のコードをすぐに変えられるよう、伴奏者は練習をしておく。
- 鑑賞に使う曲は、いつも似たような曲ばかりではなく、ときには聴いたことがないような曲を用いることも刺激になっていい。ちなみに筆者は、ディズニーやスタジオジブリ作品の曲、最近のポップスなどを演奏して、とても喜ばれた経験がある。

②楽器について

- 無理に演奏させようとしない。操作がうまくいかず怒る人にはさりげなく援助したり、楽器を持つことをいやがる人には無理に渡さず近くに置いておくなどの配慮をする。また、口に入れたり投げてしまう人もいるので、そのような場合、セラピストが近くで楽器を鳴らして、対象者に聴いたり見たりしてもらってもいい。

③活動全般を通して

- 利用者間のトラブルや、個人の体調や精神状態の変化への対応が必要な場合もあるので、あらかじめ職員と対処方法を相談しておく。
※あくまでも、クライアントの状態に応じて、臨機応変に取り入れる。

私たちは誰しも、いずれ「高齢者」と呼ばれる立場になる。しかし、いまこれを読んでいる読者がまだ若かったり高齢者と接したことがほとんどないのであれば、それは未知の世界だといっても過言ではないだろう。また、自分と近い年代の人々を対象に療法をおこなっていこうとしている人や、高齢者と接する機会が多い人も、やはりクライアントの立場を理解するのに努力が必要になるだろう。

重い認知症の人や身体に疾患がある人は、生活のほとんどすべてを他人に頼らざるをえないことが多い。だが、生きてきた年数や経験してきたことの多さからいえば、私たちが尊敬すべき人々なのである。ある施設で、乳幼児に接するように入所者にかかわっている若い職員を見たことがある。一般的にいえば、自分よりかなり年上の先輩に向かって、このようなかかわりは不適切である。だが、例えば認知症を患っている高齢者に接する場合、すべてが不適切かどうかは疑問である。親しみを込めて、わざとそのように接することもあるだろうし、また、そのようにかかわられることを好む人もいるだろう。いずれにせよ、重要なのは〝自分がどう感じるか〟ではなく、〝相手（クライアント）がどう感じるか〟なのである。そこを音楽場面で的確に読み取り、また感じ取り、個々に応じて瞬時に対応していく力がセラピストには求められるのである。

2・5 その他の領域における音楽療法

本章では、さまざまな領域での音楽療法の様子を伝えてきた。最後に、その他の領域で音楽療法を取り入れている例を紹介しておこう。

2・5・1 一般診療科領域

病院などの一般診療科の患者を対象とした音楽療法。

[1] 目的

- 痛みや不安、ストレスなどの軽減
- 自尊感情の維持
- 治療者（医療スタッフ）と患者や家族との関係の強化

[2] 適用対象例

- 内科

生活習慣病：音楽を取り入れることで、生活（食事、運動）のリズムをつくりやすくする。
気管支喘息：歌唱活動や吹く楽器を取り入れることによって、呼吸の調整や肺活量を改善する。
心療内科：治療者と患者の関係を促進し、患者が葛藤をことばで表現しやすくする。

●外科
患者の好みの音楽を使用することで、手術でのストレス・不安を軽減し、術後の痛みを緩和する。医師の集中力を高める。
●歯科
治療の際の恐怖心を取り除き、リラクゼーションを図る。機械音による不快感を解消する。医師の集中力を高める。
●産婦人科（分娩室）
妊産婦の不安や痛みの軽減、リラクゼーションによってお産の進行をスムーズにする。
●集中治療室（ICU、CCU）
患者の不安やストレスを緩和する。昏睡患者の意識を回復させる。
●新生児集中治療室（NICU）
音楽によって不快な音（機械音、騒音）を減少するとともに、生理的・身体的な安定をもたらす。
●リハビリテーション室
患者と治療者のラポール（対象者とセラピストの間に発展する相互信頼と相互理解の関係）の形成。治療に対する意欲を高め、運動機能の改善を図る。
●検査室（内視鏡、人口透析、採血など）
処置時間中のストレス、苦痛、不快感を軽減する。
●待合室

病気によるストレス、診察や検査の不安や緊張、待たされることへのいらだちを緩和する。

2・5・2　精神科領域

入院、外来、通所によって治療を受ける精神科の患者を対象とした音楽療法。

［1］目的

- 病状の安定や維持に向けての援助
- 引きこもりからの解放と社会性の獲得
- 対人関係能力の改善
- 音楽技術を通したリハビリテーションの援助
- 病気の原因の探索と葛藤の解決
- 日常生活における芸術とのかかわり

［2］適用対象例

- 統合失調症
- 躁鬱病
- 神経症
- 青年期やせ症、神経性食欲欠如症
- 境界例

●アルコール精神病

精神科領域では、これまでさまざまな実践がおこなわれている。以下にその例を紹介したい。

［3］事例

①言語的交流が困難な強迫神経症患者とのかかわりに、個人音楽療法セッションを用いた事例。クライアントは、音楽を媒介として、徐々に自らの心の内を語り自己表現をしていった。ここでは、クライアントが興味を持っている映画の話題をきっかけとして、映画音楽を取り入れていったことが、音楽表現へと広がったとしている。

②慢性統合失調症患者と認知症患者の混合グループ（ともに高齢者）の音楽療法活動で、歌唱を中心に音楽遊びなどを用いた事例。楽しい雰囲気をつくりながら双方の関係性を深めていくことが、残された「生」を充実させることにつながったと報告されている。

③長期間にわたるセッションのなかに、フリーダンスを取り入れた事例。活動の受容的空間と音楽的時間の流れのなかで、クライアントはその表現を通じて徐々に自分を取り戻していったという。

④セッション中の患者の出入りを自由にし、個人にあまり焦点をあてないことで、参加しやすさを演出した事例。そこでは、集団の注意力を高めるために、身体を動かすことや歌唱、ゲームなどが取り入れられ、幻聴や妄想といった病的体験から逃れることが目的の一つとなっている。

2・5・3　ターミナルケア

根治的な治療手段のない、終末期の患者を対象とした音楽療法。

［1］目的

● 身体的苦痛の軽減
● 心理的苦痛（葛藤、不安、うつ状態、死への恐怖、死を受容する苦悩）の軽減
● 残された日々のQOLの充実
● 家族へのケア

［2］適用対象例

難病（AIDS、筋ジストロフィーなど）や悪性腫瘍などの末期患者と家族

［3］事例

①末期ガン患者とその家族に対し、個室のベッドサイドや居室の前でミニコンサートを実施し、非日常的な体験のなかで、明日への生きる力のきっかけづくりを目指した事例。そこでは、ホスピス病棟で重視されるクライアントとの対話と音楽を媒体とした非言語コミュニケーションの両面から全人的なかかわりをおこなっている。回数を重ねるにつれ、患者と家族がともに感動体験をし、次回のコンサートを楽しみにする様子が見られるようになったという。

②余命八カ月の末期ガン患者に対する、声による音楽療法の実践報告。患者の病態からそのときどきの様子に合わせやすく、即興的であり気持ちが伝えやすいという理由によって、取り入れられている。患者の呼吸の速さに合わせて、患部をさすりながら声でオスティナート（同じ音型を執拗に繰り返して用いること。曲のバス声部にあらわれることが多い）するなどのかかわりをおこなうなかで、患者

の痛みが和らぎ、自然に睡眠状態に入ることができ、最期まで穏やかな日々を過ごせることができたという。

③アルツハイマー型の認知症患者の終末期ケアに、個人音楽療法セッションと集団音楽療法セッションを併用した事例。歌の活動で自発的な行動が出たときのテンポを測定し、症状が悪化したときには、そのテンポに焦点をおいた個人セッションを実施している。また、様子を見て集団セッションを併用することが、人間相互のコミュニケーションを成立させ、自己の確認と他人の意識を共有するうえで有効だったとしている。

2.5.4 その他

右記に含まれない（もしくは重なる）領域の音楽療法。

［1］適用対象例

①失語症患者

失語症は話す・聞く・読む・書くという、言語様態すべてに及ぶ障害である。事故や脳血管障害などによって、大脳にある言語野を損傷することで発症する。話せなくとも歌える、という特徴を持つ患者が多い。そこで、患者同士が言語や言語以外の手段（音楽）を使ってコミュニケーションを図ること、それぞれの自己表現力を高めること、新たな楽しみを見出すことなどを目的としておこなわれる。

②**不登校児**

何らかの原因によって不登校になった子どもたちに対し、彼らの自己表現・感情表現の促進、自己の自信の確立、社会性の促進などを目的におこなわれる。

③**心的外傷後ストレス障害**（PTSD）

心に加えられた衝撃的な傷がもとで、後にさまざまなストレス障害を引き起こす疾患。自己表現・感情表現を促すことなどを目的としておこなわれる。

④**薬物・アルコール依存症患者**

薬物やアルコールを過剰に摂取することによって起こる精神疾患。自己認識や治療への意志を持たせることが重要であり、そこで生まれる心理的な葛藤を処理することや社会性の形成を目的としておこなわれる。

⑤**矯正施設**（**刑務所、拘置所、少年鑑別所など**）

日本では、このような施設での例は少ないが、欧米では数多くおこなわれている。自己の犯した罪の責任を自覚し、協調性を養い、社会生活へ適応することなどを目的としておこなわれている。

⑥**地域における音楽療法**

生活の基盤となる地域で、コミュニケーションや社会的つながりを広げることなどを目的としておこなわれる。

参考文献

飯村育代／阿部愛「精神科療養所の老人性痴呆病棟における音楽療法の実践経験から――慢性精神分裂病者と痴呆患者の混合グループにおける活動」「音楽療法ＪＭＴ」Vol.5、日本臨床心理研究所、一九九五年

石渡和実『Q&A　障害者問題の基礎知識』明石書店、一九九七年

今井亜矢子「単科精神病院における音楽療法」「音楽療法ＪＭＴ」Vol.7、日本臨床心理研究所、一九九七年

今川忠男監訳『脳性まひ児の早期治療』第二版、医学書院、二〇〇三年

宇佐川浩『障害児の発達臨床とその課題――感覚と運動の高次化の視点から』（「淑徳大学社会学部研究叢書」7）、学苑社、一九九八年

大野桂子「精神科入院治療に於ける音楽療法を考える――二つの事例研究を通して」「音楽療法ＪＭＴ」Vol.6、日本臨床心理研究所、一九九六年

堅田明義／梅谷忠勇編『知的障害児の発達と認知・行動』田研出版、一九九八年

久保田牧子『精神科領域における音楽療法ハンドブック』音楽之友社、二〇〇三年

小坂哲也／立石宏昭編『音楽療法のすすめ――実践現場からのヒント』ミネルヴァ書房、二〇〇六年

児玉令江子「末期肺癌患者への音楽療法――骨転移による痛みを緩和し、睡眠へ導入するために」「第二回日本音楽療法学会学術大会要旨集」日本音楽療法学会、二〇〇三年

佐治順子／菅井邦明「アルツハイマー型痴呆患者の終末期音楽療法」「日本音楽療法学会誌」第三巻第二号、日本音楽療法学会、二〇〇三年

篠田知璋監修、日野原重明／篠田知璋／松井紀和／青拓美／岸本寿男／板東浩／岡崎香奈／米倉裕子『新しい音楽療法――実践現場よりの提言』音楽之友社、二〇〇一年

下仲順子編『老年心理学』（「現代心理学シリーズ」14）、培風館、一九九七年

シュー・ウォルロンド＝スキナー『心理療法事典』森岡正芳／藤見幸雄訳、青土社、一九九九年

貫行子『高齢者の音楽療法』音楽之友社、一九九六年
日本学校音楽教育実践学会編『音楽の授業における楽しさの仕組み』(「学校音楽教育実践シリーズ」4)音楽之友社、二〇〇三年
日野原重明監修、篠田知璋／加藤美知子編『標準音楽療法入門』下、春秋社、一九九八年
本荘繁『高齢者ケアの心理学入門――老いと痴呆に向き合う心』朱鷺書房、二〇〇四年
「日本医師会雑誌」第百二十二巻第七号、日本医師会、一九九九年
堀彩／堀早苗「緩和ケア病棟における音楽療法――居室訪問とロビーミニコンサート」「第一回日本音楽療法学会学術大会抄録集」日本音楽療法学会、二〇〇二年
松井晴美「個人音楽療法で引き出された表現をめぐって――ある強迫神経症者との関わり」「音楽療法JMT」Vol.5、日本臨床心理研究所、一九九五年
丸山美和子『LD・ADHD、気になる子どもの理解と援助』(「保育と子育て」21)、かもがわ出版、二〇〇二年
山口薫編『Q&Aと事例で読む　親と教師のためのLD相談室』中央法規出版、二〇〇三年
厚生労働省サイト「障害者自立支援法」http://www.mhlw.go.jp/topics/2005/02/tp0214-1.html
三谷嘉明編『発達障害をもつ高齢者とQOL――21世紀の福祉をめざして』(「シリーズ・障害者の暮らしと福祉」2)、明治図書出版、一九九四年
『新編　音楽中辞典』音楽之友社、二〇〇三年

第3章

音楽療法とは何か

前章では、さまざまな現場での音楽療法の実践例をお伝えした。本章では、そもそも音楽療法とは何か、また、どのように発展し現在はどのような状況にあるのか、ということに視点をおいて解説する。

3・1 音楽療法とは何か

私が初対面の人に自己紹介をする際、「音楽療法士です」と言うと、大抵の場合、一瞬の沈黙の後「音楽療法とは何ですか?」とか「音楽療法とは、きれいな音楽を聴かせて癒すことですか?」などと聞かれる。そのようなとき、相手の立場を考慮しながら何とか説明するようにしているが、この「音楽療法とは何ですか?」に一言で答えるのはとても難しいことである。なぜなら、興味や知識の違う人にいきなり専門的な話をしても、戸惑うだけだからである。そもそも「音楽療法士の数だけ音楽療法の数がある」といわれるほど、その臨床内容は音楽療法士によって違いがあり、現場の様子は説明し難いのである。そこで、音楽療法の一般的な定義が必要となってくる。

アメリカ音楽療法協会前会長のケネス・ブルシアは、音楽療法の定義の持つ機能の一つに、「領域外の他者を教育したり、その特定的な疑問に答えるための効果的な道具となること」(ケネス・E・ブルシア『音楽療法を定義する』生野里花訳、東海大学出版会、二〇〇一年、五ページ)であると述べている。そこで、ここではわが国をはじめとした、諸外国の団体や音楽療法士による音楽療法の定義をいくつか紹介したい。また、音楽療法における音楽の作用、音楽療法の方法、理論についても述べていく。

3・1・1 音楽療法の定義

［1］日本

日本音楽療法学会では、音楽療法を以下のように定義している。

「音楽療法とは、音楽のもつ生理的、心理的、社会的働きを用いて、心身の障害の回復、機能の維持改善、生活の質の向上、行動の変容などに向けて、音楽を意図的、計画的に使用することをさすものとする」

また、音楽療法の目的を以下のように示している。

①良き音楽療法士として必要な基本的知識と基本的技能を修得し、将来、音楽療法士、音楽療法研究者、教育者などの音楽療法関連領域に発展する素養を身につける。

②自らの問題を的確に捉え、音楽療法分野のみならず、自然科学的、社会科学的、心理学的方法を統合し、適切に解決する能力を修得する。

③知識、技能、態度を自ら評価し、生涯を通じて自学自習を続け、それらを向上させる態度、習慣を身につける。

［2］**世界音楽療法連盟**（**World Federation of Music Therapy**）

「音楽療法とは、コミュニケーション、関係性、学習、動き、表現、そして組織化（身体的、感情的、知的、社会的、および認知的）を促進かつ増進するよう計画・設計されたプロセスであり、音楽療法士とクライアントあるいはグループによって、音楽および／あるいは音楽的要素（音、リズム、旋律、そして和声）が用いられる。その目的は、その人がより良い内的人格的、および外的人格的な統合を達成し、結果的にはより良い生活の質を達成することができるように、その人の潜在力を開発し、機能を発達あるいは回復させることである」（前掲『音楽療法を定義する』二九四ページ）

［3］**アメリカ**

アメリカ音楽療法協会（American Association for Music Therapy）では、以下のように定義している。

「音楽療法とは、養成教育を十分に受けた有資格者である音楽療法士によって、個人の治療目的を達成できるように提供される、治療的かつ科学的根拠に基づいた音楽的な援助である」（小坂哲也／立石宏昭『音楽療法のすすめ――実践現場からのヒント』ミネルヴァ書房、二〇〇六年、四ページ）

［4］**イギリス**

イギリス音楽療法専門家協会（Association for Professional Music Therapists in Great Britain）では、以下のように定義している。

「音楽療法とは、患者と療法士の間に相互関係が築かれることで、患者の状態に変化が起こり、療法の実施が可能になる治療の形態である。療法士は、感情的、身体的、知的あるいは心理的ハンディキャップを負った成人や子供のさまざまな患者と取り組む。療法士は臨床的設定において、音楽を総合的に用いることで、相互やりとりや音楽的経験・活動の分かち合いを成立させるように努め、患者の病理によって決定される療法的目標の達成へと積極的に導く」（前掲『音楽療法を定義する』二七九ページ）

［5］著名な音楽療法士による定義

①ジュリエット・アルヴァン

「音楽療法とは、身体的、知的あるいは感情的障害を負っている子供や成人の治療、リハビリテーション、教育、および訓練において、音楽を管理された方法で用いることである」（前掲『音楽療法を定義する』二七九ページ）

②ケネス・ブルシア

「音楽療法とは、クライエントが健康を改善、回復、維持するのを援助するために、音楽とそのあらゆる側面――身体的、感情的、知的、社会的、美的、そして霊的――を療法士が用いる、相互人間関係的プロセスである」（前掲『音楽療法を定義する』二八二ページ）

以上、いくつかの定義を紹介したが、ここには明らかに異なる部分がある。それは、「音楽療法士（または、教育を十分に受けた者）がおこなう」ということを、うたっているかいないかである。日本では、現時点でまだその点が明確に打ち出されていない。しかし、今後、音楽療法士の国家資格化の流れによっては、変化していく可能性もあるだろう。

3・1・2 音楽療法における音楽の作用

［1］音楽による三つの作用

日本音楽療法学会の音楽療法の定義にもうたわれているように、音楽が人に与える影響は、以下の三つの作用であるとされている。

①生理的作用
②心理的作用
③社会的作用

①の生理的作用は、音楽自体が脳細胞や神経細胞、皮膚細胞、呼吸など肉体そのものに直接働きかけることであり、すなわち音楽が直接的に身体に影響を及ぼすことをいう。例として、音楽を聴くと自然に身体が動いてリズムをとっていたり、運動会などでマーチの曲をかけると、自然と行進の足踏みをしているなど、つい音楽に身体が反応してしまうようなことが挙げられる。

②の心理的作用は、音楽を聴いたり演奏したりすることが、心を癒したりカタルシス効果（後述）などを引き起こし、感情に働きかけることをいう。つまり、音楽を聴くことで感情に変化が表れるようなことである。悲しいときや気持ちが落ち込んでいるときに、好きな曲を聴くことで、勇気づけられたり元気が出たりすることなど、また、ある特定の曲を聴くと、その曲にまつわる出来事が思い出されたりすることなども、その例である。

③の社会的作用は、音や音楽がコミュニケーションとしての役割を果たすことをいう。いうならば、音楽が集団をつなげるパイプ役になるのである。みんなで一つの曲を楽器演奏したり歌ったりすることで、一体感が得られ、他者とのかかわりを持つことができる。また、集団によって、個々の達成感や満足感を得ることなども、この作用の一つに挙げられる。

［2］音楽の持つ性質

精神科医である松井紀和は、音楽の持つ性質として以下の十項目を挙げている（日野原重明監修、篠田知璋／加藤美知子編『標準音楽療法入門』上、春秋社、一九九八年、六ページ）。

①音楽は、知的過程を通らずに、直接情動に働きかける。
②音楽活動は、自己愛的な満足をもたらしやすい。
③音楽は、人間の美的感覚を満足させる。
④音楽は発散的であり、情動の直接的発散をもたらす方法を提供する。
⑤音楽は、身体的運動を誘発する。
⑥音楽はコミュニケーションである。
⑦音楽は、一定の法則性の上に構造化されている。
⑧音楽には多様性があり、適用範囲が広い。
⑨音楽活動には、統合的精神機能が必要である。
⑩集団音楽活動では社会性が要求される。

3・1・3　音楽療法の方法

音楽療法には、主に二つの方法がある。

［1］受動的音楽療法

受動的音楽療法（受容的音楽療法ともいう）は、個人または集団で、クライアントかセラピストが選択した曲をクライアントが聴くことである。曲を聴くことで、感情的な反応を引き出すことを目的としている。また、クライアントとセラピストの関係をつくるために、仲介役の目的で音楽鑑賞を取り入れることなどもある。

受動的音楽療法の一つにGIM（Guided Imagery and Music:音楽によるイメージ誘導法）がある。GIMはアメリカの音楽療法士ヘレン・ボニーによって一九七〇年代初めに開発された、聴取的音楽心理療法の一技法である。主に精神科の個人音楽療法で使用される。患者は、リラックスした状態でクラシック音楽を聴き、感じたものごとをイメージする。そして、思い浮かんだイメージが音楽とともにどのように変化していくかを、自分自身で追い続けるとともに、セラピストに伝えていく。セラピストは、クライアントと対話をしながら、クライアントの持つイメージを誘導していき、さらに、そのときどきに表れる感情にも注目する。したがって、GIMでは、クライアントとセラピストの信頼関係が重要になってくる。また、非常に深いところにまで及ぶ心理療法的治療法であるから、セラピストには高い技術力が求められる。なお、この方法は、アメリカやカナダでは一般化されていて、特別な音楽療法士も養成されているが、日本ではあまり実践されていない。

音楽療法の豆知識①「1／fゆらぎ」と「α（アルファ）波」

近年、〝癒し〟がブームになっていて、CDショップに行くと「1／fゆらぎ」や「α波」などの文字が書かれたCDを目にすることも多い。

「1／fゆらぎ」とは、不規則さと規則正しさがほどよく調和していることをいう。このような状態は、自然界のなかに多く見ることができる。例えば、小川のせせらぎ、寄せては返す波、そよそよと吹く風、ユラユラと燃えるろうそくの炎、などである。また、モーツァルトやバッハなどのクラシック音楽にも含まれているという。大きくなったり小さくなったり、強くなったり弱くなったり、と規則的だが、全体を見ると一定ではない揺れである。このゆらぎは、私たちに心地よさを与え、緊張感を取り除き、リラックスさせる。なぜなら、人の心拍の間隔もゆらぎになっているからである。つまり、身体のリズムと同じリズムである1／fゆらぎの刺激を与えることによって、人は快適になれるのである。

「α波」は脳波の一種である。脳波が出す周波数によって、α波、β（ベータ）波、θ（シータ）波と分かれている。α波は、ストレスが解消され、リラックスした状態のときに多く出る。ヨガや禅の瞑想状態のとき、安定した心理状態になるとα波が出ているのと同じ状態になるといわれている。

［2］能動的音楽療法

能動的音楽療法（活動的音楽療法ともいう）は、個人もしくは集団で、楽器を使った即興演奏、歌唱活動、音楽を用いた身体運動などを取り入れることで、クライアント自らが表現することを目的としている。

能動的音楽療法の一つに、ノードフ・ロビンズ音楽療法（創造的音楽療法）がある。創始者は、作曲家でピアニストのポール・ノードフと、特殊教育学者のクライブ・ロビンズである。ノードフ・ロビンズ音楽療法は、身体・精神障害児と自閉症児を中心に、より広い領域でおこなわれている。クライアントが自由に楽器を使って表現し、セラピストがピアノや声で応じていく、即興的で対話的な方法である。この活動をおこなうセラピストは、特別な教育を受ける必要があり、現在の教育機関は、ロンドン、ニューヨーク、ドイツなどにある。

音楽療法の豆知識②「同質の原理」

私たちは、音楽を聴く際、知らず知らずのうちに、そのときの自分の気分に合ったものを選んでいることが多い。例えば、悲しいときにはその悲しさに浸れるような曲、興奮しているときには気持ちを高揚させるような曲、楽しいときには明るく躍動感があるような曲、というように、気分に合った曲を聴くととても心地よい。しかし、逆に気分に合わない曲だと不快になってしまう。つまり、そのときの感情と同質の曲を聴くことによって、リラックスしやすい状態をつくっているのである。これを「同質の原理」という。「同質の原理」は、一九五二年にアメリカの精神科医アイラ・アルトシューラーによって発表された。主に、統合失調症の患者に対する音楽療法をおこなうために考えられたものである。アルトシューラーは、患者に対して最初に与える音楽は、患者の気分とテンポに同質の音楽であるべきだと述べている。現在では、さまざまな領域での音楽療法に用いられている。

実際の実践現場では、受動的音楽療法と能動的音楽療法がともに取り入れられることが多い。例えば、子どもの領域では、セラピストによる歌や楽器演奏を聴く場面と、子ども自らが歌ったり楽器を演奏したりする活動とに分けられる。その際、自閉症児や知的障害児の場合には能動的音楽療法が、また、肢体不自由児や病弱児の場合には受動的音楽療法の割合が多くなっている。

3・2 音楽療法の歴史と海外の音楽療法

現代の音楽療法を語るためには、その歴史を振り返ることが必要になってくる。なぜなら、現在さまざまなかたちでおこなわれている音楽療法には、過去からの積み重ねがあるからだ。先人たちがたくさんの研究と実践を積み重ねたからこそ、いまの音楽療法がある。そこで、ここでは音楽療法の歴史と、諸外国および日本の音楽療法の流れについて記していこう。

3・2・1 古代文明における音楽と癒し

音楽療法の歴史は古く、古代文明までさかのぼる。この時代は、音楽には癒しの力があるとされ、心身の病気を治療する目的で使用されていた。例えば、ギリシャ神話に登場するオルフェウスは、すばらしい竪琴弾きであると同時に、その音楽の力を病の治癒に用いたとされている。また、『旧約聖書』のなかには、ユダヤの王サウルが心の病に苦しむのを、羊飼いの若者ダビデが竪琴を弾いて治したという話がある。

さらに、古代ギリシャの哲学者であるアリストテレスは音楽には情緒を発散させるカタルシス効果があると述べ、プラトンは音楽は魂の薬であるとしている。

音楽療法の豆知識③　「カタルシス効果」

「カタルシス効果」は、遊びの効用であり、心理療法に含まれる治療のメカニズムの一種である。排泄や浄化ともいう。基本的には、直面している苦悩を表出し、抑圧されている外傷経験や感情を表現させることによって、コンプレックスを解消することをいう。音楽を聴くことなどによってさまざまな感情を表出・発散させることは、身体のバランスを保つことにつながるのである。

3・2・2　中世・ルネッサンス期以降の音楽と癒し

ローマ帝国の崩壊後、西洋社会ではキリスト教が絶対的な権力を握っていた。キリスト教の社会では、病人は社会の劣等者ではなく、神から罰を受けた忌むべき人間でもないとされ、人々は病人に対する介護や治療を真剣におこない始めた。

中世でも、病気に対する考え方はキリスト教の影響が強く存在したが、音楽の医療面における活用の機会は十分に与えられていたようだ。多くの政治家や哲学者たちが、音楽の治療効果を信じていた。

ルネッサンス期には、音楽と医療と美術の総合的な活動がおこなわれていたようだ。この時代の音楽は、メランコリーや絶望（うつ病）、狂気などの治療だけでなく、医者によって予防薬的に処方され使われていた。正しく調合された音楽は、現代社会でもそうであるように、情緒安定のための方法としてたいへん有効であると認識されていたのだ。

十八世紀後半になると、自然科学を基本とした医療行為が強調されるようになった。すると、音楽は医療での特殊なケースとして考えられるようになり、ほんのひと握りの全体論的な治療観を持つ医者の間でしか使用されなくなってしまったのである。

3・2・3 アメリカの音楽療法

アメリカで、音楽療法を一つの時の流れにし、アメリカを音楽療法先進国に押し上げた大きな要因は戦争であった。第一次世界大戦の際、音楽療法士として負傷軍人の治療にあたっていたハリエット・エイヤー・セイモアが、一九四一年に合衆国音楽療法財団を設立した。セイモアは、その後の講演で、第二次世界大戦の負傷軍人に用いられた音楽療法技法を強調している。また、第一次と第二次の世界大戦の間、精神病院や刑務所での音楽療法活動に貢献した人物に、音楽療法士のウィレム・ヴァン・デ・ヴォールがいる。ヴァン・デ・ヴォールは、四四年に国家音楽委員会がおこなった全米病院音楽調査結果報告のなかで、二百九病院中百九十二病院で何らかの音楽活動がおこなわれていることを報じ、音楽の治療的価値について科学的に検証することと音楽療法士の養成の二点が必要だと述べている。

一九四〇年代後半、学校や病院で音楽を治療に使用するために、音楽家や医師、精神科医などに音楽療法の知識を教育する計画が打ち出され、五〇年に全米音楽療法協会（National Association for Music Therapy：NAMT）が設立された。NAMTは、公認音楽療法士（Registered Music Therapist：RMT）の資格制度を確立した。この制度は五六年から開始されたが、その際、公式資格認定機関として全米学校音楽協会（National Association for Schools of Music：NASM）から、音楽療法士養成の学位取得プログラムとして承認されている。七一年には全米音楽療法協会から分離独立するかたちで、アメリカ音楽療法協会（American Association for Music Therapy：AAMT）が設立された。AAMTも、協会認定の音楽療法士教育プログラムとして、公認音楽療法士（Certified Music Therapist：CMT）の資格制度を開始し、七五年にはNAMT同様、NASMの学位プログラムとして認定を受けた。その事業目的は、全米音楽療法協会のものとほぼ同様だが、セラピストの教育体制と音楽療法に対する基本的な姿勢に違いがみられる。そして、九八年、長年続いてきた二つの団体が合併し、アメリカ音楽療法協会（American Music Therapy Association：AMTA）が新たに設立された。AMTAは「音楽療法の恩恵に対する社会の意識を喚起し、急速に変化する世界において、質の高い音楽療法サービスへのアクセスを推進する」という使命宣言（Mission Statement）を掲げている。

3・2・4 イギリスの音楽療法

イギリスでは、ジュリエット・アルヴァンをはじめとして国際的に影響を及ぼしたセラピストが多く活躍してきた。一九五八年、アルヴァンが中心となり、イギリス音楽療法協会（British Society for Music Therapy）が設立された。協会の目的は、音楽療法を職業として確立し、その分野の繁栄に力を注ぐことなどにあった。現在では、音楽療法の情報を一般に広め、学会や講習会、会議などの開催をとりまとめる重要な役割を担っている。また、七六年には、音楽療法を職業とするセラピストから職能組織を設立する必要があるのではないかという声が上がり、音楽療法士の職能団体として職業音楽療法士協会（Association of Professional Music Therapists：ＡＰＭＴ）が結成された。

イギリスでは音楽療法士の資格は国の公認資格であり、一九九九年からは他の医療専門職と同様に国家登録職（State Registered Profession）となった。資格取得後も研修や規定時間必修のスーパービジョンを受けることなど、専門職としての技量の向上が求められている。

二〇〇二年十一月現在、ＡＰＭＴに登録しているイギリス国内で勤務する音楽療法士は四百四十五人である。また、〇三年にＡＰＭＴ登録者の正会員・暫定会員を対象に実施した勤務領域の調査によると、知的障害・学習障害、自閉症、情緒・行動障害、精神科領域で特に多く実践されていることがわかる。

3・2・5 ドイツの音楽療法

ドイツで音楽療法が専門的に使われるようになったのは、一九七〇年代からである。七三年に設立されたドイツ音楽療法団体(Deutsche Gesellschaft fur Musiktherapie)は、音楽療法士たちに対して団体独自の基準で資格認定をおこない、社会的認知を得ようとした。また、七八年には、音楽療法の父と呼ばれたヨハネス・エッシェンが提案した「音楽療法教育者のための講座(Mentorenkurs)」が開講された。この講座の受講生は、その後、ドイツ各地の国立大学で音楽療法教育課程の設立にかかわった。

一九八〇年代初頭からは、音楽療法士の専門性を高めて職業的な認知を広めるために、音楽療法士を大学内で養成しようとする動きがあった。大学で音楽療法を専門に学び卒業した音楽療法士を「ディプロム・ムジークテラポイト(Diplom-Musiktherapeut/in)」と呼び、そうでない場合(副専攻で音楽療法を学んだ人、大学以外の私立機関で学びディプロムの試験を受けない人、など)は、ディプロムの称号をつけず「音楽療法士(Musiktherapeut/in)」と呼ばれる。つまり音楽療法の学生は、ディプロムの試験を受けるということになる。このディプロムという称号は職業資格を認定する修了証で、ドイツでは欠かせない資格になっている。仕事によってはこの資格がないと就職できなかったり、賃金に差が生じたりする。このように、ドイツの音楽療法士資格試験は国家試験ではなく、ディプロムの試験を経て資格が与えられているのである。

ドイツの音楽療法士の仕事に関して、一九九九年にリヒテがおこなった調査結果によると、ディプロム音楽療法士の八〇パーセント以上は精神病院関係の施設で働いている。担当している患者の内訳は、七五パーセントが大人の患者、二五パーセントが青少年または老人、四パーセントが乳幼児または子どもであった。また、障害者施設で働いている人は、わずか一七パーセントであった。

3・2・6 日本の音楽療法

わが国で音楽療法が始まったのは、第二次世界大戦後であるといわれている。それは、音楽療法を最初に扱った二冊の本によるところが大きい。一冊は、東京芸術大学の心理学の助教授であった櫻林仁の『生活の芸術――芸術心理学の立場』（書き下ろしシリーズ、誠信書房、一九六二年）、もう一冊は、大阪市立大学の教授であった山松質文の『ミュージックセラピィ――音楽による心理療法』（岩崎学術出版社、一九六六年）である。これら二冊の本は、アメリカで出版されたエドワード・ポドルスキーの『音楽療法』に刺激を受けて書かれている。このポドルスキーの本には、音楽を薬の代用として用いる音楽処方の実例が多く書かれていて、日本の多くの心理学者や精神科医の興味を惹いたのであった。

では、それより前に音楽療法は用いられていなかったのか。さかのぼって見ていくと、過去にも音楽療法的な試みがおこなわれたという記録は残っている。その一つは、明治時代、一八八九年（明治二十二年）に、東京府巣鴨病院（現在の都立松沢病院）で精神障害者への治療としておこなわれていたという記述である。ここでは音楽は精神療法の一つとして位置づけられている。また、一九〇二年（明治三十五年）には、東京都内の精神病院で院長を歴任していた門脇真枝が、患者に対しておこなった音楽活動についてその効果を記している。さらに、昭和に入り戦争中には、国の療養所や病院に、婦人会のメンバーや芸能人が、傷ついたり病気になったりした兵士への慰安や娯楽のための訪問をおこなっていたという記録も残されている。

このように、わが国では精神科領域を中心として音楽療法が始まっていったといえよう。では、はたして教育の現場ではどのように取り入れられていったのだろうか。

教育現場として、障害児を対象とした音楽療法にかかわった人物に、三人の名前を挙げることができる。前述の櫻林、山松、そして加賀谷哲郎である。

櫻林の理論は三つの柱で成り立っている。それは、第一に音楽教育のなかには音楽療法的な考えを取り入れていかなければならない、第二に日本の音楽界は従来のライバリズムを放棄し、よりヒューマニスティックな余裕のある音楽の取り組みが必要である、第三に将来の音楽療法のあり方と関連して、単に音楽を用いることだけに終始せず、演劇を取り入れた総合芸術的な音楽療法になるべきである、という主張である。

山松は、トランポリンなどの粗大運動を用いた音楽による心理療法を作り出し、主に自閉症児の療育にかかわってきた。彼の方式は山松式と呼ばれる独特のもので、患者に直接対面するセラピストと伴奏者が二人一組になっておこなう二人三脚方式であった。

加賀谷は、東京の水上小学校で海上就業者の子弟の音楽教育にかかわり、その仕事から発展して、障害児の音楽療法を自力で開発していった。障害を持つ子どもたちが喜んで参加できる音楽遊戯を創作し、子どもが母親と一緒に楽しく歌や動作を覚えていくことを目指した。後に加賀谷式と呼ばれた集団音楽動作指導法は、障害児音楽教育のなかに広く浸透している。

一方、一九六七年、六九年の二度にわたり、イギリスの音楽療法士ジュリエット・アルヴァンが来日した。アルヴァンは東京や関西などで、障害児の音楽療法の実践を音楽療法関係者に披露した。このことにより、たくさんの人々が刺激を受け、その後の音楽療法活動を支える多くの人材を生み出すことになったのである。

3・2・7 日本の音楽療法団体の歩み

一九八六年に日本バイオミュージック研究会（学会）が発足、九四年に臨床音楽療法協会が設立され、音楽療法の研究団体の始まりとなった。九五年には、日本バイオミュージック学会と臨床音楽療法協会の合同会議が開催され、両者が同一歩調をとるかたちで、全国的な組織である全日本音楽療法連盟が設立された。全日本音楽療法連盟は、資格認定やカリキュラムの作成および教育施設の選定などをおこない、音楽療法士の国家認定資格を目指して活動を開始した。そして、九六年度には、初の全日本音楽療法連盟認定音楽療法士が誕生した。二〇〇一年には、日本バイオミュージック学会と臨床音楽療法協会が一体化して、日本音楽療法学会が正式に発足した。〇六年四月現在、学会員数は六千人を超え、認定音楽療法士の数は千百八十五人に達している。

3・3 音楽療法士の職場

音楽療法士が実践する場には、どのようなところがあるのか。ここでは、実際に音楽療法を実践している人たちの現状と、具体的な実践現場について紹介していく。

3・3・1 音楽療法の就業実態

諸外国に続き、日本でも音楽療法の有効性が徐々に認められるようになり、さまざまな領域で音楽療法が取り入れられるようになってきている。それに伴い、音楽療法の実践現場も増えているといえるだろう。さらに、音楽療法士がそれぞれの実践の場や研究の場で音楽療法の有効性を示していくことで、認知度も高まってきている。しかしながら、音楽療法士がそれだけで収入を得て生活していこうとするには、日本はまだ極めて厳しい状況にあるのも事実である。音楽療法は健康保険の点数に含まれないなどの理由があり、クライアントもしくは施設などが自費で支払うことが多いからだ。

ではここで、二〇〇五年三月に日本音楽療法学会が会員向けにおこなった就業実態に関するアンケート結果の一部をごらんいただこう。

※保健医療は、病院・診療所・老人保健施設・保健医療機関など。福祉は、児童・高齢者・障害者の福祉施設など。教育は、幼稚園・小学校・中学校・養護学校など。大学・研究所は、音楽療法専

(1) 基本情報

	カテゴリー名及び回答者数 (%)
世代	20代15.0 、30代20.0 、40代33.1 、50代22.8 、60代以上8.7
性別	女89.4 、男10.6
学会認定音楽療法士の資格	取得済み27.34 、1年から2年以内に申請17.76 、いずれ取得希望40.87 、取得しない13.42
取得している専門職資格	教職57.3 、福祉職11.2 、保育士8.3 、その他の民間資格18.1 、取得していない14.0

(2) 実体

	カテゴリー名及び回答者数 (%)
従事している事	音楽療法士としてセッション36.4 、無資格であるが音楽療法士としてセッション37.0 、音楽療法の研究3.6 、音楽療法士と連携して働く2.5
音楽療法にかかわるすべての就業形態	音楽療法専門職として常勤勤務8.2 、音楽療法専門職として非常勤雇用26.7 、依頼に応じて有償で音楽療法39.6 、他職種として勤務のなかで音楽療法24.4 、無償で音楽療法35.6
主たる勤務機関での職種	音楽療法士30.7 、音楽療法家2.3 、セラピスト3.5 、指導員3.9 、保育士1.5 、音楽講師20.5 、教員・助手・講師・助教授・教授13.4

(3) 音楽療法セッションをおこなっている施設（領域別）

	カテゴリー名及び回答者数 (%)
有償施設	保健医療26.0 、福祉33.3 、教育5.3 、大学・研究所2.6 、民間開業6.5 、その他10.4 、無回答49.7
無償施設	保健医療11.3 、福祉22.9 、教育2.3 、大学・研究所0.7 、民間開業0.8 、その他5.5 、無回答65.0

日本音楽療法学会『会員アンケート』調査結果
（調査実施時期：2005年3月、有効回答数：2,601票）、抜粋版から

門教育・研究機関など。民間開業は、民間開業機関・自主グループなど。

右記から音楽療法の就業形態をまとめると、ほぼ以下のように分けられる。

①病院や施設などに常勤の音楽療法士として勤務
②病院や施設などに非常勤の音楽療法士として勤務
③病院や施設などに勤務し、通常の業務（介護、保育など）と音楽療法を兼務
④学校の教員が授業のなかに音楽療法を取り入れる
⑤民間開業機関（自分で開業もしくは勤務）で音楽療法を実践

アンケートの結果を見ると、①の音楽療法専門職として常勤勤務する人は少なく、⑤の自分で開業し（もしくは、民間開業機関などに勤務し）依頼に応じてセッションをおこなう、②の音楽療法専門職として非常勤で勤務する、③や④の他職種で勤務しながら音楽療法を実践する、という人が多いことがわかる。

さらに、現場の生の声から見えてくることもある。さまざまな環境で音楽療法を実践する人たちから、以下のような話が聞かれた。

「音楽療法だけで生活していきたいが、準備やフィードバックに時間がかかるため、数をこなすことが難しい。そのため、ピアノ講師を続けながら、週に一日だけセッションをおこなっている」（三十代女性、ピアノ講師）、「高齢者施設に介護職員として勤務するなかで、レクリエーションの時間に音楽療法を取り入れている」（二十代男性、介護職員・音楽療法士〔補〕）、「養護学校の教員として勤務し、音

楽の授業のなかに音楽療法を取り入れている」（三十代女性、教員）、「音楽療法士の資格取得のために、臨床経験が必要であり、ボランティアで実践をおこなっている」（四十代女性、エレクトーン講師）、「セッション後に、クライアントの母親が涙を流しながら感謝のことばを伝えてくれ、音楽療法をおこなっている意義を実感した」（三十代女性、自主グループで障害児の音楽療法を実践）

いずれ資格を取って音楽療法を専門におこなっていきたい、自分の好きな（または得意な）音楽を媒介に人とかかわる仕事がしたい、という理由から無償あるいはそれに近いかたちで実践し、さまざまな知識と技術を学んでいるという人も多い。実践のなかで得られる喜びや達成感が大きいというのも、続けられる理由の一つであるようだ。

一方、少数ではあるが、音楽療法を専門職として収入を得て生活している人たちもいる。病院や施設に音楽療法専門職として常勤勤務する人たちや、自分で音楽療法専門機関を開業して実践している人たちなどである。そのような人たちは、音楽の技術や知識はもちろんのこと、地道な実践をおこない、専門家としての技量をしっかりと身につけてきているのである。

要は、セラピスト自身の意識によって、職業として成立するかどうかが決まるのだろう。

以下に、音楽療法を実践している人の例を紹介する。

①女性　三十歳、音楽大学教育科卒、音楽療法士の資格なし

本業はピアノ講師で、週四日は自宅でピアノ指導をおこなっている。近隣の障害児の保護者とともに音楽療法のサークルを運営し、週に一日（午後だけ）、公民館の音楽室を借りて、友人（音楽大学卒）と二人でセッションをおこなっている。全部で二十人の障害児が隔週で参加し、一日に二回から三回（グループおよび個別）のセッションをおこなう。月謝として、一人当たり五千円を徴収している。音楽療法の総収入は月十万円であり、そこから会場費（約五千円／月）や楽器購入費、交通費などを出し、残りがそれぞれの収入となる。

②男性　二十七歳、音楽大学と音楽療法専門学校卒、音楽療法士（補）の資格あり

本業は、高齢者デイサービス施設の介護職員であり、平日は終日勤務をこなす。介護サービスの一環として、音楽療法をおこなっている。また、週一回土曜日に、障害児の音楽療法教室のセッションに、ボランティア（交通費だけ支給）で参加している。

③女性　三十五歳、四年制大学の福祉系学部卒、音楽療法士の資格あり

音楽療法を本業とし、週四日、高齢者施設の非常勤音楽療法士として勤務している。一日に、個別セッションを三回から五回、グループセッションを一回、おこなっている。空いた時間は職員の手伝いをおこなうこともある。給与は、交通費込みで月十五万円である。

3・3・2　音楽療法の実践現場

音楽療法の実践現場となっている各種施設の一部を紹介する。

［1］児童

①知的障害児施設

知的障害児施設は、知的障害のある児童を保護するとともに、自活に必要な知識や技能などを与えることを目的とした入所施設である。保育士、児童指導員などの職員によって、生活指導や生活訓練、精神面のケアなどがおこなわれる。

知的障害児通園施設は、知的障害のある児童を保護者のもとから通わせて、自活に必要な知識や技能を与えることを目的とした施設である。主に就学前の幼児が対象であり、保育士などによって、生活面、学習面、運動面などの指導がおこなわれる。

②肢体不自由児施設

肢体不自由児施設は、上肢、下肢または体幹の機能に障害のある児童（脳性まひ児など）を治療するとともに、独立自活に必要な知識や技能を与えることを目的とした施設である。医師や看護師による医療ケア、理学療法士や作業療法士による機能回復訓練、保育士や児童指導員による生活指導などがおこなわれる。

③重症心身障害児施設

重症心身障害児施設は、重度の知的障害と重度の肢体不自由が重複している児童を入所させ、保護するとともに、医療ケアと日常生活の指導をすることを目的とした施設である。医師、看護師、理学療法士、作業療法士、保育士、児童指導員などによって、総合的な療育がおこなわれる。

［2］障害者

①知的障害者施設

知的障害者更生施設は、十八歳以上（場合により十五歳以上）の知的障害のある人たちを入所または通所させ、日常生活に必要な指導と訓練をおこなう施設である。

知的障害者授産施設は、十八歳以上（場合により十五歳以上）の知的障害のある人たちを入所または通所させ、自活に必要な訓練や就労を目的とした作業をおこなう施設である。

②身体障害者施設

肢体不自由者更生施設は、ある程度の作業能力の回復が見込まれる肢体不自由者（十八歳以上）を入所または通所させ、治療や日常生活動作訓練、運動機能回復訓練などをおこなう施設である。

③精神障害者施設

精神障害者生活訓練施設（援護寮）は、入院治療の必要はないが精神障害のために独立して日常生活を送ることが困難な人を対象に、生活の場を提供する施設である。専門的知識を持った職員が生活指導をおこない、利用者の自立支援をおこなう。

［3］高齢者

①特別養護老人ホーム

特別養護老人ホームは、六十五歳以上で、身体上または精神上いちじるしい障害があるために常時の介護を必要とする者（いわゆる寝たきり老人など）であって、居宅で適切な介護を受けることが困難な場合に入所させる施設である。設置主体は地方公共団体や社会福祉法人であり、入所決定は居住市町村の措置決定による。

②老人保健施設

老人保健施設は、疾病や負傷などによって日常生活を自力でおこなうことが困難な人に対して、看護、医学的管理のもと、介護および機能訓練その他必要な医療をおこなうとともに、その日常生活上の世話をすることを目的とした施設である。

③高齢者デイサービス

高齢者デイサービスは、在宅で生活しているが日常生活を送ることが困難なおおむね六十五歳以上の人を通所させ、さまざまなサービスを提供する施設である。老人ホームが全面的な生活支援を目的としているのに対して、デイサービスは利用者の生活を部分的に支援するという意味で、いわば日帰りの老人ホームである。

3・3・3 養護学校における音楽療法の実践例

音楽療法は、盲・聾・養護学校の「音楽」の授業、小・中学校の特別支援学級の「音楽」の授業で実施されることが多い。しかし、学校現場では音楽療法という名称が存在しないため、あくまで音楽担当の教師や音楽療法士の資格を持った教師が、音楽療法的な授業を展開することになる。ただし、「音楽」の授業は、本来の音楽活動の目的もあり、あるいは比較的大きな集団でおこなわれるため、必ずしも音楽療法の内容が取り入れられるとは限らない。そのため盲・聾・養護学校では、「自立活動（それぞれの障害に対応した指導をおこなう特別な領域）」として音楽療法が取り入れられることもある。というのは、「自立活動」の内容には、児童の音楽療法との接点が多数見られるからである。その際の「自立活動」は、基本的に「音楽」の授業のなかに取り入れられる。また、学校によっては、個別指導として、専門の教員が一対一でおこなっているケースも見られる。

学校教育でも、音楽療法のさまざまな活動を有効に取り入れることで、それぞれの目標を達成することが可能になるのである。

3・4 音楽療法士の資格取得

音楽療法は、障害者や高齢者などに対しておこなわれる専門的な治療法である。そのため、音楽だけでなく、医学・心理学・福祉など、さまざまな分野の知識が必要になってくる。また、臨床力や研究の質、セラピスト自身の人間性なども大きく問われるだろう。その意味で、音楽療法は関連領域をより専門的・体系的に学ぶ必要があり、多様な面で一定レベルの質が求められるのである。

一定期間、各分野の経験を積んできた専門家に対しては、社会的に認められ、仕事として成り立つ資格が必要である。それが、音楽療法を専門的におこなう「音楽療法士」である。この「音楽療法士」の資格は、現在、国が認めた資格ではないが、国家資格化を目指してさまざまなレベルの協議がおこなわれている。

では、現段階で日本国内で「音楽療法士」の身分を証明するための資格についてはどのようなものがあるのだろうか。代表的なものを紹介したい。

3・4・1　日本音楽療法学会認定資格

日本音楽療法学会では、以下の二つのコースを認定資格としている。書類選考のコースと、大学や専門学校の音楽療法コースを卒業して取得するコースである。

[1] 書類選考コース

日本音楽療法学会では、一九九六年度から年一回の割合で学会認定音楽療法士の資格審査をおこなっている。二〇〇五年度までに十回の審査がおこなわれていて、通算認定音楽療法士の数は千百八十五人となった。資格審査は、独自の認定規則によって書類申請と面接試験によっておこなわれる。内容は「日本音楽療法学会認定音楽療法士認定規則」(二〇〇〇年四月一日改定、〇一年四月一日名称などの見直し版発行)に示されているが、項目ごとにポイント計算するようになっていて、合計一〇〇ポイント以上になると審査の対象となる。加えて〇六年度からは、より適切な審査をするために面接試験のなかで実技試験を実施している。なお、現在の認定制度は一〇年度末に終了する予定である。

①書類審査の内容

a、音楽療法の知識(大学などでの履修)
b、講習会・学会への参加
c、臨床経験(事例研究レポートの提出)
d、研究発表(学会での研究発表)

e、論文・著書
f、教育指導経験
g、その他
※aあるいはb、そしてc、dの三項目が必須項目として指定されている。書類審査に合格すると、面接試験を受けることになる。

②申請ポイントについて

音楽療法の知識は、大学での単位取得証明書や講習会の受講証明書によってポイントを証明する。臨床経験は最低三年以上とされていて、セッションに参加する際の立場（責任者、アシスタント、研修生など）と、経験年数によってポイントが異なる。また、臨床経験から一事例を選び、所定の書式によって事例研究レポートを作成、提出する。

③面接試験について

面接試験では、三人の面接官がいくつかの質問をして、その受け答えの中身によって採点する。音楽療法士としての資質を見る場であるため、その質問内容は専門的な知識や技能だけでなく、対人関係のつくり方やコミュニケーション能力に重点がおかれている。基本的には、提出した事例レポートについての質問が多い。

実技試験は、事例レポートで使用した曲、もしくはあらかじめ指定された曲（童謡、歌謡曲など）のなかから自分で選択した曲を、臨床場面を想定して演奏する。楽器は、会場に用意されているキーボード、もしくは自分で持ち込んだ楽器を使用する。

④資格認定を受けるには

a、大学や専門・専修学校などの教育機関（音楽療法のコースやカリキュラム）で音楽療法を体系的に学ぶ。

b、各地にある研究会などに所属し、音楽療法の基礎知識や実践の仕方などを学ぶ。

c、学会主催の事業や、それぞれの団体や研究会がおこなう講習会・研修セミナーに参加する（その際交付される「受講証」「参加証」は認定申請時に必要となるので、保管しておく）。

d、音楽療法の実践現場で臨床経験を積む。最初は経験者の実践を参観することから始め、経験者の指導のもと、徐々に臨床をおこなっていく。さらに、記録の取り方や評価の方法、倫理（人権やプライバシーの擁護）についても学んでいく。

e、学術大会で発表したり、スーパービジョン（有資格者に評価してもらう）を受ける機会などを持ち、自分の実践について第三者から指摘してもらう。

f、「認定規則」（申請書・申告書を含む）を取り寄せて申請する。

⑤現在の認定制度終了までのタイムスケジュール

二〇〇六年度から二〇〇九年度、従来どおりの資格認定を実施

二〇〇九年十月、資格認定申請の最終期限（一〇〇〇ポイント他の申請条件を満たしたもの）

二〇一〇年十月、前年度の不合格者だけの再申請

二〇一一年三月、最終認定で暫定期間終了

二〇一一年（平成二十三年）三月以降は、認定校での専門教育を受けた人だけを対象に音楽療法士（補）の認定をし、臨床経験を満たした後に音楽療法士認定をおこなう。

年度別認定者数

第1回1996年度　100人	第5回2000年度　95人	第9回2004年度　120人
第2回1997年度　71人	第6回2001年度　145人	第10回2005年度　122人（書類審査申請数　279人）
第3回1998年度　71人	第7回2002年度　191人	
第4回1999年度　96人	第8回2003年度　174人	通算1,185人

⑥資格の更新

音楽療法士の資格取得後は、五年ごとの資格更新システムが設定されている。学会や研修会への参加、研究発表や研究論文、臨床および教育実践などが必要であり、こちらもポイント制になっている。

［2］大学・専門学校の音楽療法コース

二〇〇一年度から、教育機関修了者を対象に筆記試験による資格取得の道が開かれた。これは、学会が認める受験資格認定校（大学や専門学校など）で所定の単位を修得した、音楽療法コース卒業生を対象に実施される試験である。合格者は日本音楽療法学会音楽療法士（補）の資格を得られ、必要な臨床経験基準（三年以上）に到達した段階で改めて学会に申請すれば、臨床事例報告審査と面接を経て正規の音楽療法士として認定される。

先にも述べたが、学会認定資格は現在のところ国家資格ではないが、音楽療法士がボランティアではなく仕事として音楽療法をおこなう際、この認定資格を持っていることが、信用を得るための重要な役割を果たすだろう。学会では資格の国家認定化を目指して運動中である。

なお、［1］［2］の内容を図示すると左のようになる。

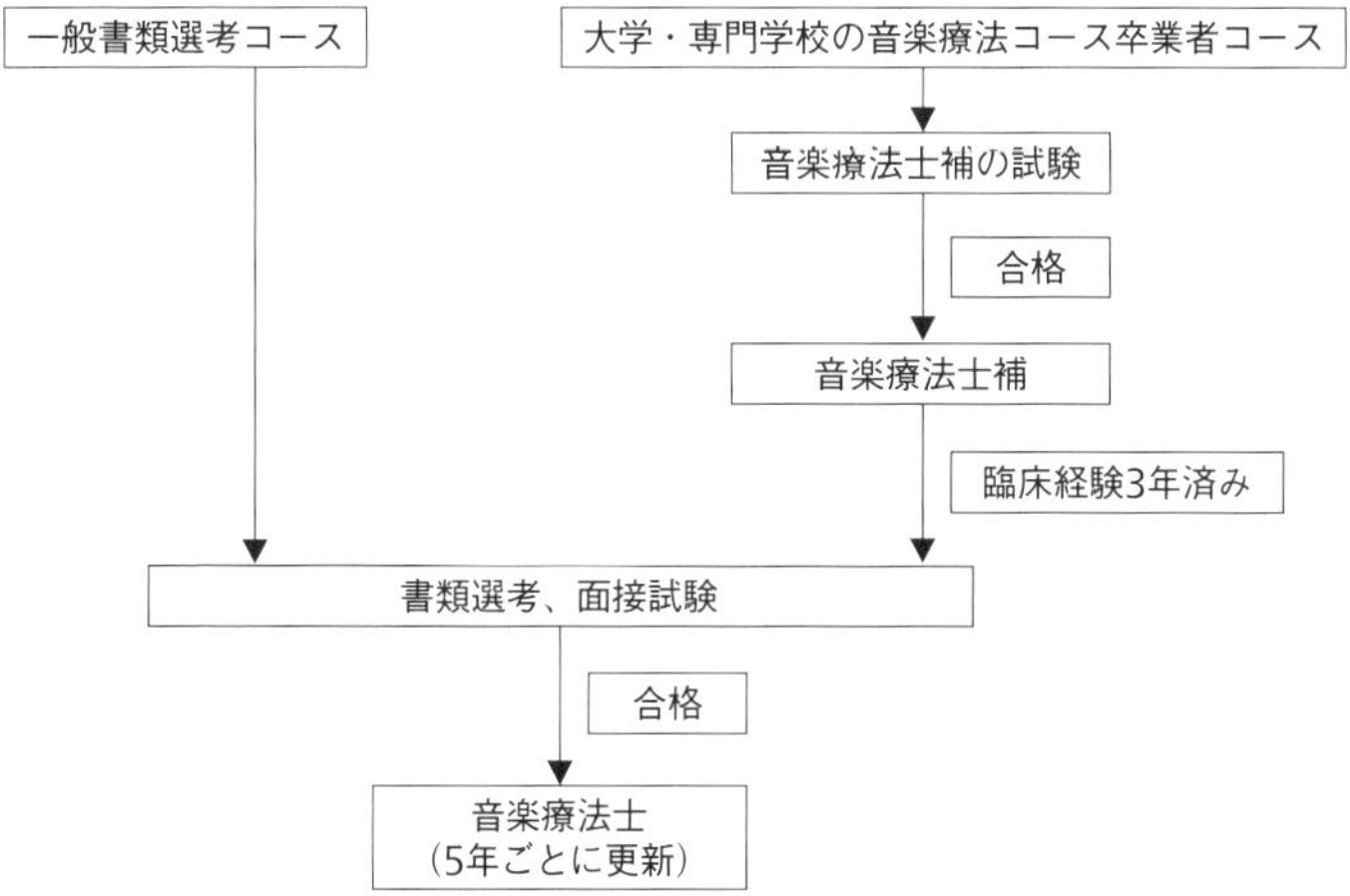

(高橋多喜子『補完・代替医療 音楽療法』、金芳堂、2006年、から抜粋)

3・4・2 全国音楽療法士養成協議会認定音楽療法士（一種、二種）

音楽療法士養成協議会は、二〇〇〇年（平成十二年）四月、音楽系大学・音楽系短期大学の関係者が集い、「音楽を通して、身体に障害を持つ子供たちに生きる力を育むことや、知的に障害を持つ方の療法、高齢者の心を癒す療法などを行う有為な人材を養成する」ことを目的として設立された。音楽療法士一種、二種ともに公的な資格ではなく、協議会が定める養成課程を修めて卒業した証しの認定書であり、民間の資格となる。一種は学士レベルで、協議会が定める養成課程七十一単位以上を修めて大学を卒業した者に付与される。二種は準学士レベルで、協議会が定める養成課程四十一単位以上を修めて短期大学を卒業した者に付与される。一種と二種には病院や社会福祉施設などで働くうえでの違いはないが、カリキュラム上、一種の方がより音楽療法の専門性を高めた養成課程になっている。

3・4・3　その他の認定資格

右記以外に、音楽療法の各教育機関（専門学校など）が卒業時に与える独自の資格や、研究会や企業などが出す認定資格などもある。また、自治体で独自の資格認定制度を設けているところもある。以下はその一部である。

［1］岐阜県音楽療法士

岐阜県では、一九八九年に、「夢おこし県政」の一環として開催されている「ガヤガヤ会議」で、ある主婦から「痴呆症の父親の症状が歌によって改善された」という話題が出された。それから約五年の準備期間を経て、九四年、名誉所長に櫻林仁を迎え岐阜県音楽療法研究所が開設され、同年十一月には「音楽療法の実践を通して福祉に貢献できる人材を育てる」ことを目的に研修講座を開始した。そして、一般の人のための音楽療法研修講座のカリキュラムを作り、九六年八月に十一人の第一期岐阜県音楽療法士（GMT）を認定した。二〇〇六年四月までに六百十一人のGMTが誕生し、県内外で活躍中である。また、〇一年九月には、音楽療法の職能団体として岐阜県音楽療法士協会が設立され、さらに県下五圏域に音楽療法普及協議会を設立し、普及に努めている。

［2］奈良市の音楽療法

奈良市では、一九九三年に市内の心身障害者福祉作業所と授産施設へ音楽療法を先行的に導入したことを皮切りに徐々に音楽療法が注目され、九四年、医学・教育学・音楽・高齢者福祉の各分野における学識経験者と行政から七人を奈良市長が委託し、奈良市音楽療法検討委員会を設置。その後数回の音楽療法講演会を開催し、九五年四月には奈良市音楽療法審議委員会を設置し、全国初の体系的カリキュラムを設定。そして、九五年八月から九七年三月まで、養成コースとして奈良市音楽療法士養成コースと、音楽療法アシスタント養成コースを開講し、九七年三月に奈良市音楽療法士を認定、九七年四月には音楽療法士を奈良市社会福祉協議会職員として採用し、音楽療法推進室を設置している。また、音楽療法ボランティアは、厚生労働省地域保健推進特別事業として、地域の健康づくりを担うボランティアリーダーとして二〇〇〇年十一月から養成をおこない、〇一年五月に認定されている。箏や三味線など邦楽器をはじめ、民謡、エレクトーンとさまざまな特技を持つ人たちで、年齢も十八歳から六十七歳までと幅広く、アシスタントとして福祉施設での実施、地域における大切な橋渡しの役割を担っている。〇六年四月現在、十一人の奈良市音楽療法士と二十一人の音楽療法ボランティアが活動中である。

なお、二〇〇六年十二月現在、奈良市音楽療法士養成コースおよび奈良市音楽療法ボランティア養成コースは開講しておらず、受講生は募集していない。

［3］兵庫県音楽療法士

兵庫県音楽療法士は、音楽療法の普及による県民の福祉の向上を図るため、岐阜県、奈良市に続いて行政の取り組みから生まれた。一九九九年に、二十倍を超える応募者のなかから六十八人が選ばれ、兵庫県によって開講された「兵庫県音楽療法講座〈基礎講座〉」を受講、さらに実践論、関連領域、実技を含んだ専門講座を学んだ後、審査を経て二〇〇二年二月には二十七人の兵庫県第一期認定兵庫県音楽療法士が誕生した。それに伴い同年五月、兵庫県音楽療法士会が発足した。〇六年四月現在、百五十人が兵庫県音楽療法士として認定を受けている。

右記はあくまでも、現在の国内で音楽療法士という身分を証明するための一つの手段でしかない。私はいままでたくさんの人の音楽療法セッションを見てきた。そのなかには、右記のような資格を持っていない人も多くいた。はたして、その人たちのすべてが資格を持っている人に劣るかといえば、そのようなことはない。資格を持っていない人でも、対象者の気持ちを汲み取りながらとてもすばらしいセッションをする人がいる。逆に、資格ばかりに目を奪われて、セラピストとして大事な真摯に学ぶ姿勢を忘れてしまっている人も見かける。要はその人自身の意識によるのである。

資格取得のためのポイントを得るためだけに、各種の講習会や学会などに参加している人が見られる。せっかくの貴重な学びの場なのだから、自分がそこに参加する意義や目的意識を持って臨むことが大切だと思う。また、学会や研究会での事例発表でも、同様にポイント取得の目的が主で発表している人を見かける。そのような人は、私たちセラピストにとって最も大事な、対象者のことを誠実に考え、謙虚にかつ深く学ぼうとする姿勢を失っているのである。

そもそも音楽療法は、机上だけで学べる分野ではない。理論と実践が伴ってはじめてセラピストとしての成長が見られるのである。その際、技術はもちろんだが、人を相手にするすべての仕事に共通することとして、自らの「心」を常に磨く必要がある。対象者を深く知ろうとし、そのために感性を研ぎ澄まし、人間性を向上させていくことが大切である。そうした姿勢が大切であり、資格は後からついてくるものだと思うのである。

資格を持つということに責任と自覚を持ち、資格取得後も変わることなく、むしろ取得前以上に誠実に対象者に向かっている、すばらしいセラピストもたくさんいる。みんな、「音楽療法士」という資格に誇りを持って活動しているのである。常にこのような姿勢で学び続けることこそが、質の高いセラピストの誕生につながるのである。

※資格取得については、本書の執筆時の内容と多少の変更が見られる。日本音楽療法学会認定資格の場合、二〇一六年四月現在、資格取得ルートは、一般コース、認定校コース、海外資格に分かれていて、それぞれ必要な条件を満たすことが求められている。詳細は、日本音楽療法学会のホームページを参照。ほかの資格についても、各団体のホームページを参照。

参考文献

ウィリアム・B・デイビス／ケイト・E・グフェラー／ミシェル・H・タウト『音楽療法入門——理論と実践』上、栗林文雄訳、一麦出版社、一九九七年
内田博美「資料 ドイツの音楽療法の現況——音楽療法士と教育課程」「日本音楽療法学会誌」第三巻第二号、日本音楽療法学会、二〇〇三年

栗林文雄「海外の音楽療法の動向——米国」「日本医師会雑誌」第百二十二巻第七号、日本医師会、一九九九年
高橋多喜子『補完・代替医療 音楽療法』金芳堂、二〇〇六年
筒井末春「特別講演 音楽療法の歴史と発展——心身医学の立場から」「心身医学」第四十二巻第十二号、日本心身医学会、二〇〇二年
羽石英里「アメリカの音楽療法」「日本音楽療法学会誌」第三巻第一号、日本音楽療法学会、二〇〇三年
村井靖児『音楽療法の基礎』音楽之友社、一九九五年
松本晴子「音楽科教育と音楽療法の接点」「現代のエスプリ」第四百二十四号、至文堂、二〇〇二年
松山久美「イギリスの音楽療法」「日本音楽療法学会誌」第三巻第一号、日本音楽療法学会、二〇〇三年
『イキイキ音楽療法のしごと場』（音楽を活かそう！レシピ集 vol.2）、あおぞら音楽社、二〇〇三年
『チャレンジ！音楽療法——音楽療法最前線 2003』音楽之友社、二〇〇二年
岐阜県音楽療法研究所サイトhttp://www.ongakuryoho.gifu-net.jp/
岐阜県音楽療法士協会サイトhttp://www.gmt-kyoukai.info/
全国音楽療法士養成協議会サイトhttp://jecmt.jp/
奈良市社会福祉協議会サイトhttp://www.narashi-shakyo.com/index.htm
日本音楽療法学会サイトhttp://www.jmta.jp/
日本音楽療法学会サイト「第11号日本音学療法学会ニュース」http://www.jmta.jp/association/n011/index.html
日本音楽療法学会サイト「第12号日本音学療法学会ニュース」http://www.jmta.jp/association/n012/index.html
兵庫県音楽療法士会ホームページhttp://hmta.cool.ne.jp/

第4章

音楽療法士に必要なこと

ここでは、音楽療法士にとって何が必要なのか、求められる姿勢や技術について、特に子どものケースを例に挙げて考えたい。

4・1 音楽療法士に求められること

人とかかわる仕事では、その分野の専門家が、ある意図（目的）を持って、決まった場所で、相手（対象者）といろいろな体験をおこなっていくことが基本となる。

- ある意図を持って：気持ちを落ち着かせたい。
- 決まった場所で：セッションルームで
- 相手といろいろな体験をおこなう：一緒にボンゴを叩く。

この流れはもちろん大切だが、一つ見落としてはならないことがある。それは、専門的なかかわりをする前に、まずはセラピストが対象者をじっと見つめるということである。それは、セラピストと対象者が同じ目の高さで「ともにその時間を過ごす」ことであり、対象者に「こうしたい」と思う以前に、とにかく相手と一緒にいること自体を楽しむことである。そのなかで、セラピストには相手を思いやる気持ちが育ってくる。それは、「こうしたい」という思い入れから「こうなったらいいいな」という、肩の力が抜けた、相手を尊重したかかわりへの転換といえるだろう。

音楽療法では、いろいろな手段（歌や楽器など）を使って、「一緒に」音楽体験をおこなう。その際、セラピストが対象者に向かうという一方通行の構図ではなく、対象者からもさまざまな影響を受けていることを常に意識するべきである。言い換えれば、セラピストは謙虚な気持ちを持って相手に接することが何よりも大切なのである。

さてここで、音楽療法士と同じように人（子ども）と向き合う職業である「学校の教師」について考えてみたい。

教師の条件

- 性格面…やさしい、明朗、親切、親しめる、おもしろい、怒らぬ、ユーモア、さっぱりしている、ハキハキしている、かわいがる、叱るときは叱る、まじめ、人間味がある
- 指導面…教え方が親切で熱心、公平、理解がある、一緒に行動する、本を読んだり話しをしてくれる、よく相談にのる、時間を守る、明確に答える、説明がくわしくてうまい、など
- 能力・学識面…教養・常識がある、運動がうまい、学問ができる、など
- 性・年齢面…一般に同性を好み、若い教師を好む
- ことばの面…ことばの明晰な教師
- 容姿の面…美しい、きれいな教師
- 趣味の面…趣味の広い教師
- その他…欠勤しない、答礼してくる

（林邦雄『育つ心と育てる心』コレール社、一九九三年）

林邦雄は障害児教育の現場での「教師の条件」として、以上のような点を挙げている。ここには、子どもの専門家だけでなく、社会人にとって当たり前のことが数多く記されている。当然、教師と音楽療法士では、立場や専門性に違いはあるだろう。しかし、前述のとおり、人とかかわる仕事として、土台となる部分には共通点が多いことが見て取れる。例えば、人間性の豊かさにつながる部分（「性格面」）や相手にわかりやすく伝えることの重要性（「指導面」「ことばの面」）などは、セラピストにとっても必須事項といえるだろう。

それでは、専門家としての音楽療法士にとって、特に求められることは一体何だろうか。いろいろ考えられるが、ここでは音楽療法の理論や技能、音楽表現などの獲得といった一般的な要件の他に、特に大切な点についてふれてみたい。

［1］相手を理解する力をつける

音楽療法は、音や音楽の力を活用して、困難を抱えた人を援助する活動である。しかし、音や音楽を活用する以前に、まずは相手を十分に知り、さまざまなコミュニケーションのチャンネルをつくっておくことが大切である。関係がつくれていないなかで、どのような音楽を提供しても、相手とのやりとりが成立しないということは多々見られるのである。その意味で、音楽療法士は対象者を理解するプロになる必要がある。例えば、子どもの音楽療法では、保育士や教師と同じように「子どものプロ」になることが求められるのである。それは例えば、子どもを理解する、子どもとかかわる、適切に援助する、子どもを巻き込む、子どもを取り巻く環境を理解する、保護者に適切に対応するなど、いろいろな手段が挙げられる。

なお、子どもを理解する力（アセスメント）については、4・2で詳述している（一三九ページ―一四六ページ）。

［2］豊かに表現する力をつける

音楽療法では、セラピストは基本的に対象者に表現してもらうことを目指している。そのために、セラピストには自分自身が豊かに表現することが常に求められる。言い換えれば、セラピストは「自分は表現者である」ということを終始意識して表現することで、相手を魅了する必要がある。対象者は、私たちが思っている以上にセラピストの行動や言動に注目しているのである。にもかかわらず、セラピストは対象者を観察しようと一生懸命見入ってしまい、結局のところ自分自身が見られていることを忘れてしまうのである。

合奏場面で、一人の子がサンバベルという打楽器を叩いている。そのとき、あるセラピストは、子どもに「もっとやってほしい」という気持ちを前面に出して一生懸命アプローチをしてしまう。しかし、肝心の自分自身はどうかといえば、一緒に持っているサンバベルの演奏がおろそかだったり、顔の表情が硬くなったりしている。つまり、セラピスト自身が表現することを忘れてしまっているのである。

このようなことを、私たちはセッションで多々おこなっているのである。セラピストが対象者をじっくり見たり、活動を促したりすることは決して間違ってはいないが、そのときの自分自身がどうであるかということを忘れてはならないのである。合奏場面であれば、自分が奏でている楽器の音色、大げさな仕草、楽しそうな表情などで子どもを盛り上げ、その場を楽しい雰囲気に巻き込んでいくことも可能なのである。

ところで、セラピストが表現をするといっても、ただ表現すればいいわけではなく、まずは「わかりやすく」表現することが求められる。そして、子どもの様子をそのつど見ながら、その場に合った表現をすることが大切である。子どものニーズに応える気持ちを持たなければ、表現はただの自己満足になってしまう。もし、子どもに伝わらなければ、伝わるように表現方法を変えればいいのである。

最後に、「表現者は決して恥ずかしがってはいけない」ということにふれたい。日本人は表現をあまり得意としていない国民だといわれている。セッションの場面でも、初心者ほどつい「恥ずかしそうに」表現してしまうのである。しかしながら、その「恥ずかしさ」は対象者にはとてもわかりにくいものである。「恥ずかしさ」ばかりが目についてしまい、肝心の表現したいことが影を潜めてしまう。そのため、セラピストは自分の殻を破り、ときに大げさに、場合によってはおちゃめに表現し、しかし基本的には「ブレない確固とした自分」(安定した自分)を演じることが大切になってくるのである。セラピストは、セッション中に自分の表現を自分で確認することが難しい。しかし、自分の表現がどうだったかは、対象者が答えを出してくれる。特に子どもは、わかりやすかったか、魅力的だったか、あるいはわかりにくかったか、つまらなかったかを、表情や仕草で正直に教えてくれるだろう。そのため、セラピストは恥ずかしがらず、自然に自分が出せるよう、常にトレーニングをおこなっていく。それ以外に方法はないだろう。対象者は、まさにセラピスト自身の心を映し出す鏡といえるだろう。

[3] 自分の気持ちを安定させる力をつける

子どもはみんな、誰もが鋭い感性を持っている。セラピストと同じ場にいて、セラピストの心のなかをさっと見抜いてしまう子も珍しくない。それは、長年セッションをおこなっているセラピストの多くが経験することだろう。私自身、障害児学級や養護学校の教師時代に、驚きの体験を何度もしている。たまに気持ちが塞ぎ込んでいるときに、いつもはあまり近づいてこない、ことばのない子どもがさりげなく私に近寄り、しばらくそこにいたと思ったら、私の手の甲に自分の甲を一瞬くっつける。そして、目を合わせ、そのまま離れていくのである。つまり、その子は、そのときの私の気持ちをさっと読み取り、「どうしたの？　いつもと違うよ。大丈夫？」という心配する気持ちを、その子なりの表現で見事に伝えてくれたのである。私はそのとき、表面上はいつもと全く同じように振る舞っているつもりだった。にもかかわらず、子どもは私の本心を見事に見抜いたのである。まさに、子どもは感性の存在なのだろう。他にも、母親がイライラしているときは子どもも不安になってしまうというように、大人のネガティブな気持ちは容易に子どもに伝染してしまうのである。

このことからも、セッションの場面でセラピストは常に安定した気持ちを保つ必要がある。気持ちの安定が心の安心を誘い、それが子どもをのびのびと育てるのである。しかしながら、このことは「言うは易くおこなうは難し」で、そもそも人間が常に気持ちを安定させること自体が難しいことである。そのため、セラピストは日々安定した自分自身を保つためのトレーニングをおこなう必要がある。そのことが、セラピストの資質の一つとして極めて大切になってくるのである。

［4］相手と関係をつくる力をつける

私たちは、相手とどのような関係になれば、互いに「親しくなれた」と言えるのだろうか。その判断は非常に難しい。なぜなら、そのことは私たち自身が一方的に評価することではなく、どちらかといえば、相手側に判断の決定権があるからである。自分がいいと思っても、相手はそう思わないことは多々ある。だからこそ、相手の気持ちを抜きにして、双方の関係性を語ることはできないのである。特に、音楽療法のセッションでは、対象者がことばでストレートに気持ちを表現してくれることは少なく、行動や仕草などさまざまな表現手段によって気持ちを伝えてくることが多い。それをセラピストは読み取るのである。セッションでは、子どもはとても正直である。セッションにやってきた子どもは、関係がとれているセラピストを目がけて一目散にやってきて、ちょっかいを出したり遊びを求めたりする。しかし、そうでない相手には、なかなか近づこうとしない。子どもは、おそろしいほど素直に自分の気持ちを表現するのである。

よく、初心者のセラピストが、「相手と関係をつくるためにはどうすればいいのか」と尋ねてくる。はたして、このような質問をすることに意味はあるのだろうか。基本的に、関係づくりはどれも個人的なものである。Aくんとの関係づくりとBさんとの関係づくりでは、その方法は明らかに違ってくる。大体、相手のことを完全に理解することなど全く不可能なのである。半分を理解することさえ、難しいのではないか。もちろん、相手を理解しようと努めることは大切である。しかし、「理解しようとする」ことと、「理解して、関係づくりのノウハウがわかる」ことは全く別物である。人は相手がわからないから、わかろうと努力する。そして、知れば知るほど、実は相手のことがよくわかっていないことに気づいてくる。だからこそ、人と人との関係は面白いのではないか。

セラピストは、どうしても短期間のうちに相手とうまくかかわりたいと思い、ほんの少しだけ得た情報を、まるでその子のすべてのことのように決めつけてしまう傾向がある。あるいは、「この子には、こうすればいい」などという安易なハウツーものに走りがちである。しかし、人は誰でもそんなに単純にはできていないのである。私たちがおこなうべきことは、ただ一つ。日々子どもたちと地道にかかわるなかで、「これは有効かも」と感じたことを一つひとつ積み重ねていき、それらを「私独自のマニュアル」として活用していくしか方法はないのである。「その人独自のマニュアル」は他のセラピストには有効でないということに、誰もが気をつけなければならないだろう。すべてのセラピストに共通した「ハウツー」は存在しない。そのことを私は強く主張したい。

[5] 臨機応変の力をつける

セッションは、基本的にプログラムにのっとっておこなわれている。しかし、いつもプログラムどおりにおこなわれているかといえばそうではない。例えば、子どものセッションでは、その日の子どもの様子（体調など）や集団の規模（多すぎないか）、メンバー構成（相性はどうか）、活動内容（好きな活動は保障されているか）などによって、参加態度は大きく違ってくる。事前に作成したプログラムはあくまでも目安であって、本当のプログラムはセッションがスタートした後に、そのつど、方向修正を加えながら作っていくものなのである。そこには、まさに「臨機応変」の力が求められる。もちろん、障害児の音楽活動では、毎回同じような流れをつくることも大切なことである。ある程度決まった流れがあれば、子どもたちは見通しを持ってセッションに参加できるようになる。このように、プログラム作りは基本的な流れがあり、そのうえで「臨機応変」さを取り入れていくことが大切である。

この「臨機応変」さは、子どもとの「かかわり」でも同じである。例えば、音楽に乗ってロープの輪に入ってみんなで走る「電車ごっこ」の場面を思い浮かべてみたい。ここに、いくら誘いかけても、なかなかロープのなかに入れない子がいる。そんなとき、経験の浅いセラピストはすぐに「この子はこの活動が嫌いなんだ」と決めつけてしまうことが多い。しかし、本当にそうだろうか。そう決めつける前に、その子といろいろな「かかわり」を試みることが必要ではないか。ロープに入るということは、ロープという枠のなかで相手と一緒に過ごすことであり、それは「相手を自分の領域に受け入れる」ことを意味する。しかし、子どもはそのこと（限られた空間に一緒にいること）に戸惑いを示し、その場から離れてしまうことが多い。特に、自閉症の子にそれが顕著に見られる。このようなとき、熟練したセラピストであれば、すぐに誘うのではなく、まずは子どもがしたいことを見極め、付かず離れずの一定の距離を保ちながら、少しずつ子どものペースに合わせていく。つまり、双方の気持ちを徐々に一体化させていくことを目指すのである。

「電車ごっこ」の場面でいえば、セラピストは子どもにロープの電車が走る様子を十分に見てもらってから、例えばロープの輪の外から最後尾についていてロープを持ってもらい、いつでも手を離せる状態で参加してもらう、などの方法が考えられる。そうすれば、子どもは窮屈な思いをせず、自分の意思で活動に参加できるだろう。どのような場面でも子どもの意思と主体性を大切にすることは、子どもの成長にとって極めて大事なことである。このように、最初の印象だけで子どもを断定的に決めつけてしまうのではなく、やりとりのなかでできるだけ丁寧に子どもの様子を見ながら、「臨機応変」にかかわることが大切なのである。ここでいう「臨機応変」とは、常に相手に一定のかかわり方をするのではなく、場面に応じて柔軟にアプローチ方法を変えていくことを意味するのである。

［6］セラピスト同士が連携する力をつける

セッションをスムーズに進めるためには、セラピストはいろいろな目標（個々の子どもの目標、集団の目標、活動の目標）をきちんと頭に入れ、それらの達成のためにセラピスト同士が協力することが大切である。本来セッションは、リーダーが中心になって進めていく。リーダーはあらかじめ打ち合わせたとおりに進めながらも、実際にはその場その場で臨機応変に活動のかたちを変えることが多い。その「臨機応変」さがセッションの価値を高めるのである。セラピスト同士の連携で、アシスタントに特に求められることを、以下の三つにまとめてみる。

①アシスタントはリーダーの意図を汲み取る

リーダー以外のセラピスト（アシスタント）に求められることは、リーダーの意図を素早く読み取り、適切に応じていくことである。すなわち、アシスタントは常にリーダーの言動や細かい動きに注目し、リーダーの意図を汲み取りながら連携していく。そして、連携をスムーズにおこなうためには、日頃からリーダーの人となりをよく知り、セッションのスタイルを理解し、互いの子どもに対する思いやアプローチ方法を知り合い、そのうえで協力し合うことが大切になってくる。百人音楽療法士がいれば百通りの音楽療法があるといわれるほど、セッションではリーダーの個性がセッション自体に強く反映されるのである。

②アシスタントはリーダーに子どもの情報を伝える

アシスタントにはリーダーを手伝うだけなく、リーダーの足りない部分を補うという役目もある。リーダーは常に全体を見て、全体に対して提案をおこなう。そのため、リーダーが一人ひとりの子どもがそのつど出す「微妙なサイン」を即座に読み取り、応じていくことは難しい。したがって、子どもの息遣いが聞こえる近さで子どもとやりとりをしているアシスタントの方が、個別に対応できることが多いのである。そのとき、アシスタントは子どもの情報をさりげなくリーダーに知らせることで、リーダーと情報を共有することが大切である。個々の情報を知れば知るほど、リーダーの判断はより的確なものになってくるのである。

③アシスタントは子ども役を演じる

ときに、アシスタントは全く違った役割を演じることもある。すなわち、リーダーの意図を子どもたちに素早く浸透させるために、アシスタント自身が子ども役を演じ、わかりやすく表現するのである。例えば、「さんぽ」の曲に合わせて歩く活動で、リーダーが「さあ、お散歩に行くよ」と提案する。しかし、子どもがなかなか乗れないときには、アシスタントが足踏みをして、「これから歩くんだ」という雰囲気をアクティブにつくりだす。それによって、子どものなかに歩きたいという気持ちが芽生えてくる。この場合のアシスタントは、リーダーの気持ちを間接的に伝える役割を果たしている。このように、セッションはリーダー一人がおこなっているわけではなく、その場のセラピスト全員の協力関係のもとに進められているのである。

以上、概要だが、音楽療法士に求められることをまとめた。この他にも、セラピストには以下のような力が求められる。

[7] セラピストに求められるさまざまな力

経験、自ら学ぶ意欲、惜しまない努力、対象者に対する深い愛情、スタッフ同士のコミュニケーション、遠慮のない意見交換、対象者や他のセラピストに対する謙虚さ、最新情報を知りたいという貪欲な好奇心、スーパーバイザーの存在、スーパーバイザーに頼りすぎない個々の努力、自分は一人前になるんだという強い意志、人より多くの努力をする強さ、豊かな感性、ユーモアのセンス、創造性、自分がどう見られているかを常に意識できること、など。

挙げていったらきりがない。セラピストは日々勉強なのである。

4・2 相手を理解する力をつける――アセスメントをおこなう

音楽療法活動は、対象者を知るところからスタートする。まずは、一人ひとりの全体像を、時間をかけてじっくり知るところから始まるのである。それがアセスメント（査定・評価）である。

ここで注意しなければいけないことは、対象者を決してネガティブに見ないということである。例えば、障害のある子の場合、どうしても障害による「できなさ」に目を奪われてしまい、それを子どもの全体像として捉えてしまいがちである。しかし、マイナス面ばかりに目を向けていても、そ

表1●音楽療法における障害のある子どものアセスメント項目

1　障害の状況	知的障害、自閉症、ダウン症、脳性まひ、ADHD、アスペルガー症候群、など
2　運動・認知面の様子	多動で姿勢の保持が難しい、歩き方がぎこちない、周囲の状況に過敏に反応する、無意味なことばを発する、など
3　対人・情緒面の様子	呼びかけても応じない、特定の刺激で情緒的に不安定になる、身体接触に過敏に反応する、など
4　行動面の様子	落ち着きがなく絶えず動き回る、場所の移動に強い抵抗感を示す、楽器に触れるが集中力は短い、など
5　音楽に対する反応	歌を短期間で覚え部分的に口ずさむ、特定の楽器音を嫌う、など

の子を適切に理解することにはならない。どの子も、その子にしかない、かけがえのない面を持っているのである。その部分を読み取るためには、子どもの「できるところ」を押さえる必要がある。また、子どもは相手の気持ちにとても敏感である。もし、自分自身が否定的に見られていたら、すぐにそれを察知し、自分らしさ（自分のよさ）を出せなくなってしまうだろう。そのため、セラピストは「子どもを否定的に見ない」ところからスタートしなければならない。子どもをそのまま肯定的に受け入れることで、セラピストと子どもの間には「穏やかで温かい関係」が生まれる。その結果、子どもは安心して自分らしさを発揮できるようになるのである。アセスメントは、子どもの長所に着目するところからスタートするのである。

音楽療法の場面で、子どもを知るための具体的な方法として、表1の評価項目が考えられる。

このように、子どもを理解するためには、障害の状況、さまざまな発達面、音楽に対する興味などを多面的に観察していくことが求められるのである。

さて、ここで一つのエピソードを見ながら、子どものアセスメントについて考えてみたい。

みんなで合奏をおこなっているとき、手に鈴を持ったダウン症のＡくん（小学校三年生）がじっと身体の動きを止めて、他の子の様子を見たり、気が散ってあらぬ方向を見たりしている。他の子はといえば、セラピストのピアノ伴奏とアシスタントのリズミカルなコンガ演奏に合わせて、ウッドブロックやマラカス、タンバリン、トライアングルなどの楽器を奏でたり、身体を揺らしたり、声を出したりして、積極的に参加している。さて、ここでセラピストは、Ａくんに対してどのような対応をおこなえばいいのだろうか。

二人のセラピストに登場してもらおう。

初心者セラピスト１は、Ａくんが何もしていないと判断し、いきなりＡくんの手を握り、持っていた鈴を一緒に振らせたり、その後肩に触れて身体を左右に揺らすなど、ストレートな働きかけをおこなった。しかし、Ａくんはその行為に対し、セラピスト１から逃げるようにその場を離れていってしまったのである。

長い期間音楽療法に携わってきたセラピスト２は、まずはＡくんの隣に寄り添い、Ａくんがなぜじっとしているのかをじっくりと観察した。そして、何か興味を持っているものはないか、いろいろと考えてみた。その結果、Ａくんはピアノ伴奏者がときどき入れる「連続して弾く高音の和音」に興味を示し、その弾き方をするときに限って伴奏者の指をじっと見ては、次はいつその音を出すのか、期待のまなざしで待つ様子が見られたのである。そこで、セラピスト２はＡくんと一緒にピアノの方に近づき、伴奏者のすぐ隣で音の出し方をじっくりと観察した。その後、Ａくんは伴奏者と同じように、連続して鍵盤を叩く仕草をおこなった。そのとき、Aくんが連続して叩くたびに、セラピスト2も鍵盤を叩く仕草をおこなった。そして、一通りやりとりが終わった後、Aくんとセラピスト2は目を合わせて、「音がたくさん出たね」というように気持ちを共有したのである。次に、セラピスト2がピアノ伴奏に合わせて、Aくんが持っている鈴をジャンジャンと叩いてみると、Aくんはピアノ伴奏と鈴の音がぴったりと合っていることを喜び、自らセラピスト2に鈴を差し出し、鈴を叩いてほしいと要求したのである。そこには、音と振動を受け入れ、相手（セラピスト2）と楽しむAくんの姿が見られたのである。

以上のエピソードから、セラピストはまずは子どもが何をしたいのかをよく知ってから、次のアプローチをおこなうことが大切であることがわかる。セラピスト1のように、熱意だけでは子どもとのやりとりはできないのである。Aくんにも一緒に楽しんでほしいと願う前に、Aくんの気持ちを受け止めなければならないのであろう。

セラピスト2は、最初にAくんに寄り添い、Aくんの目線でその場を見ようとしている。そして、Aくんが何に興味を持っているのかを理解し、そのうえで一緒にやりとりができるような「遊び」（鍵盤叩き、鈴叩き）を考えたのである。

なお、セッションでは、子どもを取り巻く環境に十分配慮する必要がある。なぜなら、セッションをおこなうとき、子どものまわりには子どもを混乱させる刺激要因がたくさんあるからである。以下に、その具体例を何点か挙げてみたい。

●場所：初めての場所か、部屋の材質はどうか（コンクリートなど）、大きすぎないか。

【個人アセスメント票1】
（セラピストが観察し、記入する。子どもの全般的な様子をアセスメントする。主に行動観察による。）

1　障害の状況（主障害、障害の程度、まひ・発作など）
（　　）
2　運動面や認知の様子（姿勢の保持、歩き方、粗大運動・微細運動、理解言語、表出言語、エコラリアなど）
（　　）
3　人とのやりとりや情緒面の様子（呼びかけに応じない、特定の刺激で情緒不安定、身体接触に過敏に反応、など）
（　　）
4　行動面の様子（多動傾向、不安傾向、場所の移動に抵抗感を示す、集中力が短い、など）
（　　）
5　音楽に対する反応（音質・音量への拒否や好み、好きな音楽・楽器、メロディー記憶など）
（　　）

※エコラリア……オウム返し。相手のことばをそのまま繰り返すこと。

（加藤博之『子どもの世界をよみとく音楽療法』〔明治図書出版、2007年〕から抜粋）

●人数：多すぎないか（セラピストの数も含めて）。
●他児との相性：大きな声を出す子がいないか、マイペースが強い子どもが複数いないか。
●活動の内容：気持ちが高ぶっているのにアクティブな活動が少なすぎないか。
●その他、子どもを取り巻く環境や刺激：壁に模様がないか、窓にカーテンがしてあるか。

さて、実際にセッションをおこなう際には、一人ひとりの情報を記録する必要がある。例えば、子どもを対象としたセッションの場合、セラピストが音楽療法場面で子どもの様子を観察したもの（個人アセスメント票1）と保護者に依頼して記入してもらうもの（個人アセスメント票2）の二つを作成し、それらを有効に活用していくことが大切である。以下に具体例を示す。

さらに、個々の活動についても、対象者の様子を詳しく知る必要がある。歌や楽器活動、身体活動で、対象者が現在どのような力を持っているのかを丁寧に

【個人アセスメント票2】
（保護者に記入してもらう）

1　名前（　　　　　　　　　　　　　　　）（男・女）
生年月日（平成　年　月　日生）　（　　　）歳（　　　）カ月
2　在園・在校名（　　　　　　　　　　　）　学年（　　　）
3　保護者氏名（フリガナ）（　　　　　　　　）　家族構成（　　　　　）
4　住所（　　　　　　　　　　　　　　　　　　　　　　　　）
電話番号・FAX（　　　　　　　　　　　）　メール（　　　　）
5　障害名・病歴（診断名）
（　　　　　　　　　　　　　　　　　　　　　　　　　　　　）
6　検査結果
（　　　　　　　　　　　　　　　　　　　　　　　　　　　　）
7　相談機関・相談内容（相談時期）
（　　　　　　　　　　　　　　　　　　　　　　　　　　　　）
8　服薬（発作の有無）
（　　　　　　　　　　　　　　　　　　　　　　　　　　　　）
9　交付手帳（障害者手帳の有無）
（　　　　　　　　　　　　　　　　　　　　　　　　　　　　）
10　生育歴（出産の状況、乳児の様子＝初歩、手指の操作、初語、母親への振り返り）
（　　　　　　　　　　　　　　　　　　　　　　　　　　　　）
11　発達の様子（現在の様子＝運動、情緒、コミュニケーション・ことば、対人関係など）
（　　　　　　　　　　　　　　　　　　　　　　　　　　　　）
12　在園・在校での様子（喜んで通っている、集団場面の様子）
（　　　　　　　　　　　　　　　　　　　　　　　　　　　　）
13　好きな遊び（音楽活動を含む）
（　　　　　　　　　　　　　　　　　　　　　　　　　　　　）
14　子育てでお困りの点（生活習慣、落ち着きがない、情緒不安定、多動、こだわりなど）
（　　　　　　　　　　　　　　　　　　　　　　　　　　　　）
15　音楽活動に望むこと（主訴、個別・集団）
（　　　　　　　　　　　　　　　　　　　　　　　　　　　　）

（加藤博之『子どもの世界をよみとく音楽療法』〔明治図書出版、2007年〕から抜粋）

見ていくのである。例えば、子どもを対象にしたセッションの「楽器演奏（操作）」の場面では、以下のような評価（アセスメント）が考えられる。

- 楽器に興味を示す
- 楽器に手を出す（触覚受容の高まり）
- 楽器を持とうとする
- 楽器を握る、放すことができる
- 楽器を振って音を出す
- 楽器を引っかいたり、叩いたりする
- 鍵盤を手で押し続ける
- 楽器を入れ物（箱）から出すことができる
- 手をすべらす操作をおこなう
- 楽器を入れ物（箱）に入れることができる
- バチで叩く（片手、両手）
- 吹いたり吸ったりして音を出す
- 弦を手ではじく
- 立位で楽器の操作ができる（注視する力の育ち）
- 鍵盤を一本の指で押す
- 楽器をテンポに合わせて叩く、振る（繰り返されたテンポに応じる力）

●音楽にすぐに合わせてテンポ打ちができる
●音楽の強弱を意識して楽器を操作する
●曲の初めと終わりを理解して楽器を操作する
●即興的なテンポ打ちができる
●パターン的なリズム打ちができる
●両手で交互にバチを打つことができる
●柔軟なリズム打ちができる
●色音符に合わせて音階楽器を演奏できる

セラピストは右記のような発達段階を見ながら、対象の子どもはどのあたりにいるかを確認する。そして、該当する項目の周辺にある活動をまんべんなくおこなうことが、子どもの成長につながっていくのである。

4・3 コミュニケーションの力をつける

［1］「安心感」「楽しさ」を演出する

セラピストが対象者と関係をつくる際、最初におこなわなければならないことは、相手を知りたいという気持ちを「強く」持つことである。この場合の「強く」とは、「いつも、常に、関心を寄せている」ことである。こちらの気持ちが相手を凌駕してはじめて、相手もこちらを意識してくれるようになるのである。また、セラピストは、セッションを楽しむ気持ちを持つことが求められる。なぜ、楽しむことが必要なのか。それは、楽しい雰囲気や安心できる環境が、多くの対象者の情緒の安定やリラックス、意欲の向上につながっていくからである。

例えば、子どもが集団のなかで、その場にいることが「楽しい」「心地よい」と思えば、そこには自然と「学びの環境」が成立するという。つまり、自分の居場所が楽しければ、子どもは知らず知らずのうちにいろいろなことを吸収できるのである。だからこそ、音楽療法の場面は楽しくありたいと思うのである。

ところで、障害のある子どもたちは、日頃から「もっと頑張って」「そうじゃないよ」「そういうことをしてはダメ」など、本人にとってはうれしくない働きかけをされている場合が多い。彼らは、過剰な励ましや注意・小言、指示・命令などをいつも言われているのである。それは、学校などの集団場面で顕著であり、子どもたちは日頃からストレスがたまりやすい環境にいると考えられる。また、医学の進歩によって障害の早期発見・早期治療が可能となり、それによって子どもへの教育的訓練もかなり幼い時期から開始されることが多くなった。そのことが、子どもたちの負担を増加させ、ストレスフルな生活へと陥れているのである（子どもは悲鳴を上げている！）。ここで注意しなければならないのは、多すぎるストレスは子どもの発達に大きな害を及ぼすということである。人間の脳は好きなことをするようにできているといわれている。その意味で、せめて音楽療法の時間は、子どもたちが好きなことに思う存分取り組める環境を提供したいのである。「こうしなさい」などと言わない、決して指示的でない、自由な雰囲気をつくりだすことが大切になってくるのである。

セッションでは、セラピストも対象者も常に心の安定・安心を保つことが大切になってくる。安心感にどっぷりと浸かりながら、安定した時間を積み重ねていった子どもは、やがて自分のなかに次のような力を育むことができる。

●自分や他人を信じる力
●自分でやりたいことを選ぶ力
●つまずいたときに立ち直る力

そして、これらの内容こそが、本当の意味での子どもたちの「生きる力」につながっていくと考えられるのである。

［2］相手と重なり合う

相手との関係づくりでは、まずセラピスト自身が対象者に「合わせる（重なり合う）」ところからスタートする。対象者に「合わせる」とは、例えば子どもが見せる仕草や表情・ことば・感情・呼吸・間《ま》などにセラピストが合わせていくことを意味する。「合わせる」とは、真似をしたり応じたりすることである。「合わせる」ことで、子どもは自分と相手が「合っている」ことの心地よさを体験する。元来このような「一体感」は人にとって極めて心地よいものであり、その経験はやがて合わされた側（子ども）から相手（セラピスト）に合わせたいという気持ちを芽生えさせてくれるのである。

さて、ここで相手に合わせることの大切さを教えてくれるエピソードを紹介しよう。

音楽療法の「手遊び」で、自閉症のBくん（小学校一年生）が活動になかなか参加してくれない。おこなっているのは、手を「頭にのせる」「グーパーをする」など比較的簡単な動きだが、セラピストの動きをただ見ているだけである。では、Bくんに模倣の力が育っていないかというとそうでもなく、自由な場面では結構人の真似をして楽しんでいる様子が見られる。

では、エピソードのBくんは、どうして活動に参加してくれないのだろうか。実はセッションでは、このような例を多く目にする。障害のある子どもの世界では、できることが必ずしもすぐに具体的な行動に結びつくとは限らない。そのため、セラピストは常に焦らないことが肝要である。子どもが表現しやすい環境をつくり、ひたすら待つのである。そうすれば、何かのきっかけでほんの少しだけ行動し始めることがある。そのときが大きなチャンスとなる。Bくんの場合も、ある日両手を叩き合わせる仕草をし始めたので、セラピストはすぐにその動きを真似てみた。すると、Bくんは自分が真似されたことを意識し、一緒に同じ動きをすることの一体感や心地よさをしばらく味わったのである。

このように、模倣は元来とても心地よいものなのである。その一体感は、人間が生来自然に求める一体感であり、やがて「一緒におこなっている（重なり合っている）」ことから「もう一度やりたい」「違う動きもやってみたい」などと、どんどん発展していくのである。Bくんは、次のセッションからいろいろな種類の手遊びをおこなうようになり、数カ月後にはみんなの前に出て、動きの見本を示してくれるようになった。短期間で、Bくんはその場にいる人たちと「重なり合う」ことを楽しめるようになったのである。エピソードから、私たちはじっくりと子どもを待ち、小さな表現を読み取り、丁寧に返していくことが、子どもの重なり合う気持ちを育んでいくことだと知った。

［3］相手とかけひきをする

セラピストは、セッションで目の前の相手とさまざまな「かけひき」をする。「かけひき」というと、まずこちら側から積極的にかかわることを想像しがちだが、必ずしもそうではない。例えば、ときに何もしないでじっとしていることが、相手の表現を引き出すうえで有効なこともある。何もしない勇気……。それは、もしかしたら最も積極的なアプローチ方法なのかもしれない。ここで、子どものセッション場面でかけひきをしようとしているセラピストが陥りやすいエピソードを紹介したい。

セラピストは、子どもが順調に活動しているときには見守り、子どもの気持ちがそれて、席立ちなどをし始めた途端、かかわりを持とうとすることが多い。このようなとき、子どもは「どうしてこの人は、出歩いているときばかりやってくるんだろう」と思うかもしれない。

さて、このエピソードでは、セラピストのかかわるタイミングが明らかにずれているのである。セラピストは、このように子どもに余裕のないときにかかわるのではなく、調子がいいときを見計らってかかわりを持つ必要がある。すなわち、子どもが活動に向かっているときに、温かい気持ちでかかわりを持つのである。かかわるタイミングは、子どもとのコミュニケーションを図るうえで、大切なポイントとなってくるのである。

また、セラピストはしばしば「かかわりっぱなし」になってしまうことがある。子どもに働きかけ、それで満足してしまい、その後の様子をよく見ていない。しかし、子どもというのは、セラピストが働きかけている最中ではなく働きかけた後に、しばしば本当の気持ちを表すことが多い。一度かかわりを持っても、それで満足せず、その後の様子を丁寧に見ていくことが大切である。瞬間瞬間でかかわるのではなく、継続的に粘り強くかかわっていく姿勢が求められる。

とはいえ、「かかわる」ということは決して「かかわり続ける」ことではない。相手に始終意識を向け続けていれば、それはプレッシャーになってしまう。相手に注目することと、実際にかかわることは別物であり、セラピストは常に「さりげなく」「気づかれないように」相手に注目する必要がある。相手の情報を得ながら、付かず離れずの関係を保っていくよう心がけるべきである。

［4］対象者との距離や身体接触に配慮する

ここでは、相手とコミュニケーションをとる手段としての「身体」に注目してみたい。乳幼児の発達で、親が子どもに愛着を表す手段として「身体に触れる」ことが挙げられる。同様に、セラピストも子どもと関係をとろうとして、無意識のうちに近づいたり、身体に触れたりすることがある。しかし、自閉症児などの相手を受け入れることが苦手な子どもに対しては、安易に近づいたり、身体に触れたりすることは禁物である。自閉症児に限らず、人にはパーソナル・スペース（個人空間）というものがあって、むやみに人に触れられたり近づかれたりすることが、必ずしも「快」にはならないのである。セラピストは、子どもにどのくらいの距離で話しかけるべきか、身体に触れる際、どこをどのように触れたらいいか、常に慎重になる必要がある。つまり、意味もなく子どもに近づいたり、子どものひざや肩にずっと手を置いていたり、音楽に合わせて肩や背中をポンポン叩いたり（リズム刺激を入れる）することには、十分に慎重でなければならない。このように、コミュニケーションとしての相手への接近や身体接触は、対象者によって受け入れ方が大きく違うということを認識することが大切である。

ところで、子どもと大人の間に生じるごく普通のやりとりに「手つなぎ」がある。「手をつなぐ」ことは子どもから見れば「手を握る」ということであり、また「手を握られる」ことでもある。この場合、「握る」は能動的であり、「握られる」は受動的といえる。つまり「手をつなぐ」ことで、子どもは自分の意思を相手(セラピスト)に伝え、同時に相手の意思を感じ取ることができる。このような、〈能動—受動〉の関係は「相互主体性」と呼ばれ、それによって、子どもは「相手の気持ちを思いながら、自分の気持ちも少しずつ出していく」という、コミュニケーションの大事な部分を学んでいくのである。なお、セラピストは子どもと手をつなぐ際、すぐに手を握ってしまうのではなく、手を近づけて、子どもの方から握ってもらうようにするべきだろう。このように、子どもの意思を尊重する姿勢を持つことが、セラピストには求められるのである。

［5］集団性・社会性へと発展させる

人は決して一人で生きていくわけではなく、人と人との関係性のなかで日々生活している。もちろん、それは子どもの場合も同じである。むしろ、子どもの時期から人とふれ合う機会を積極的に持つことが、その子の人格形成にとってとても重要だと思われる。子ども同士は、基本的に「世界」が同じであり、そこに属するだけで多くのことを学ぶことができる。その様子は、セッションでもよく見られる光景である。どんなに大人(セラピスト)が誘いかけてもなかなか活動に参加できなかった子が、一人の子の存在によって急に参加し始めるということをよく目にするのである。そこから、大人がどんなに自分の世界（大人の枠組み）で子どもを理解しようとしても限界があることがわかる。セラピストは「大人―子ども」の関係づくりを目指すとともに、「子ども―子ども」の関係づくりもじょうずに設けていくことが必要になってくる。まさに、子どもは子どものなかで育つのである。

ところで、子ども同士の場面をつくるためには、さまざまな工夫が必要になってくる。音楽療法では、個人セッションと集団セッションが考えられるが、対人コミュニケーションの広がりという点で集団セッションはメリットが多いと考えられる。集団の有効性については、集団力動（グループ・ダイナミックス）という概念と密接に結びついている。グループ・ダイナミックスとは、集団が持つさまざまな特性のことである。例えば、集団はときに構成する各メンバーの力の総和以上にもなるダイナミックスを持っているという。そのため、集団の規模が大きくなればなるほど、セラピストのリーダーシップの力量（能動性）が求められるようになる。逆に、集団の規模が小さくなれば（三人から五人程度）、セラピストは能動性だけでなく、受動的に構成メンバーとかかわる必要があるだろう。

以下に、障害のある子どもにとっての集団セッションの意義と留意点をまとめてみたい。

①障害児の集団セッションの意義

- 自分をコントロールする力が身につく（待つ、順番におこなう、まわりに合わせる、など）。
- 相手との関係性が成立する（対大人あるいは子ども同士のやりとりが生じやすい）。
- グループ・ダイナミックスの活用により社会性が身につく（競争心、役割取得、役割交替、共同、協調、社会的ルールの理解）。
- その場に応じて個別的かかわりと集団活動のどちらかを選択することができる。

●音楽活動は集団活動を形成しやすい（音楽には多様性があり、さまざまな段階に合わせられる特性がある）。

②障害児への集団的アプローチの留意点

●場面をわかりやすく設定する

壁、床のじゅうたん、採光の状況、電気（光）への興味、セラピストとの位置関係、カーテン、使う楽器をどのように整理するか、ピアノとの位置関係、イスや机の有無、子ども同士がコミュニケーションをとりやすい位置関係、空間の広さへの配慮、など。

●わかりやすい流れを設定する

動的な活動と静的な活動を有効に組み合わせる、始まりと終わりを明確にする、見通しを持ちやすくする、子どもが乗ってきたときに思う存分時間をとって満足感を味わえるようにするなど。

●セラピストのかかわり方を配慮する

子どものペースに巻き込まれない、終わりを意識したかかわり方、アシスタントとの連携を深める、常に全体を見る、子どもは常にセラピストを見ているという意識を持つ、一人ひとりの子どもへの意識を途切れさせない。

●自発性を引き出すかかわり方をする

要求が出やすい活動を取り入れる、反応をすぐに取り入れる柔軟性・即時性を重視する、役割交替を重視する。

また、集団セッションでは、どのようなグループでもいいというわけではなく、さまざまな配慮のもとにグルーピング（グループ構成）をおこなう必要がある。例えば、子どものセッションでは以下のような配慮が求められる。

③障害児のグルーピングの配慮事項

●集団の適切な人数を考える

子どもの障害特性・年齢などによるが、五人程度、多くても十人以下が望ましい。

●障害特性によるグルーピング

対人関係が苦手な子ばかりを集めないなど、障害特性に配慮する。

●発達と年齢をともに考慮したグルーピング

発達レベルを重視しながらも、あまり年齢差が生じないように配慮する。

4・4 セッションを組み立てる力をつける

［1］わかりやすい環境づくりをする

音楽療法では、対象者がセッションにスムーズに参加できるように、その場の環境をわかりやすくする必要がある。「環境」とは、部屋の大きさやそこに置かれた物の設定の仕方（物理的な構造）、プログラム（時間的な流れ）のことをさす。例えば、障害児にとっては、部屋が広すぎたり、窓から外の景色がよく見えたり、いろいろな音が同時に聞こえてくるなどの「多すぎる刺激」は混乱をもたらしやすいといわれている。そのため、できるだけシンプルな環境づくりをする必要がある。また、成人の障害者や高齢者の場合、セッションを利用している施設でおこなう場合が多い。そのため、与えられた条件のなかで工夫をしながら、セッションをおこなうことが求められる。

子どもの音楽療法をスタートさせる際に、セラピストがまず最初におこなわなければならない環境づくりについて、表2にまとめた。

表2●子どもがセッションに参加しやすい環境例

部屋の大きさ	参加人数の子どもが十分に走り回れる大きさ
集団の規模	3〜8人（大人数のときは集団を分ける）
活動時間・頻度	40〜50分間　・週に1〜2回
部屋の環境	・イスと机（人数分）の用意 ・楽器や教具は箱のなかなどに整理 ・窓はカーテンを閉める（外の刺激を遮断） ・見学者の位置（後方）と人数制限（少なめ） ・その他刺激の整理（シンプルな飾り付けなど）
座り方	・半円状（中心のセラピストから等距離）
プログラム例	1．あいさつの歌 2．歌、手遊び 3．身体活動、リトミック、集団遊び 4．楽器活動Ⅰ（個別、合奏） 5．楽器活動Ⅱ（合奏） 6．さようならの歌

［2］各活動に「終わり」を設けていく

セッションでは、一つひとつの活動の「終わり」をわかりやすくすることがとても大切になってくる。なぜなら、「終わり」があるから、見通しを持ってそれまでの活動に集中できるし、次の活動をやろうという気持ちも芽生えてくる。子どもにとって、いつまで続くのかわからない状態で活動に向かうことは難しいのである。一つの活動が、始まり、続き、やがて（必ず）終わるという、一連の流れを知ったうえで、子どもは安心して活動に参加することができるのである。

それでは、子どもが「終わり」を理解するためには、どのような手立てがあるのか。ことばや動作・仕草などによって伝えていく方法がある。例えば、楽器の演奏が終わったときに、太鼓を叩いている子どもの手を止めて「はい、おしまい」というのも一つの手段だろう。これは直接的な方法で、ある意味で子どもにとってわかりやすいと考えられる。しかし、音楽療法では、音や音楽を使って、できるだけ指示的でない方法をとることも可能である。例えば、楽器の演奏では、次のような流れが想定される。

①演奏が始まりしばらくの間は、思い思いに表現してもらう

伴奏：既成曲（子どもになじみのある曲）を使用し、途中音をにぎやかにして盛り上げる部分を作るなどすると、子どもは思う存分自分を表現することができる。

②やがて曲が終わりに近づいて、活動の「終わり」を意識してもらう

伴奏：活動の「終わり」を予感させるために、それまでの「いろいろなアレンジ」から「曲の本来の構造」に戻す。終わりの部分をそのまま（楽譜どおりに）ゆっくりと演奏する。曲のテンポを遅くしたり、音の数を減らしたり、音量を小さくするなど、音楽的にその場の雰囲気（終わり）に合わせていく。それによって、子どもは安心感を持って活動を終わることができる。また、みんなと一緒に活動を終えることで、一体感を感じることができる。

このように、「終わり」は決してあっさりと迎えるのではなく、徐々に気持ちを静めていく（クールダウン）意味合いも含まれていて、それを子どもたちに少しずつ気づかせる必要がある。そこにセラピストの技術（ピアノ伴奏など）が求められる。この変化への「気づき」によって、子どもたちはより一層、音や音楽への意識を高めることができ、それが集中力、気持ちの安定へとつながっていく。子どもは音・音楽に聴き入ることで心を安定させていくのである。

4・5 いろいろな活動の意味を考える

音楽療法が持つメリットの一つとして、活動の種類の豊富さ、内容の多様性が挙げられる。つまり、音楽活動には歌唱活動や音楽鑑賞、身体表現活動、楽器活動など、多彩なメニューが考えられ、それらをいろいろなかたちで調理し、対象者に合ったかたちで提供することができるのである。また、その一つひとつの活動には個々の「ねらい」があり、セラピストは対象者のニーズに応じて、活動を選ぶことができる。例えば、多動児の気持ちを発散させ、情緒の安定につなげたいと考えるとき、「リトミック活動」「ジャンピング台跳び」「バルーン遊び」「合奏」「シンバル、小太鼓、スリットドラム叩きなど叩く楽器活動」など、いくつもの種類が考えられる。それらをどうおこなうかは、子どもの嗜好性や発達を考えながら決定していくことになるだろう。いずれにせよ、セラピストには多くの活動を有効に生かしていくための知識と技能、経験が求められるのである。

音楽療法活動の種類とねらいについては、表3を参照されたい。

※各活動は、前掲『子どもの豊かな世界と音楽療法』を参照。

表3●子どもの音楽療法における活動例

活動の種類	活動名	ねらい
歌	「あいさつの歌」 「さようならの歌」	活動の始まりや終わりの意識、繰り返しによる安心感、自分や他児の名前の意識、歌う、呼び名に応じる、まわりの人との一体感、信頼関係の高まり
	パネルシアター	視覚・聴覚記憶、視覚・聴覚イメージ
	絵描き歌	見る力、見続ける力、イメージ
	歌のリクエスト	歌への興味、歌の好みの発生、選択する力、要求表現、集団のなかで自分を発揮する力、ルールの理解
	楽器を使った遊び歌	楽器を弾く真似をする、イメージ遊び、発声・発語の促進
鑑賞	楽器の提示	音・楽器の形への興味、触覚受容の高次化
	セラピストによる歌や演奏	曲への興味、聴覚記憶、注意の集中、美的感覚への満足感
	楽器、曲あてクイズ	聴き分ける力、聴覚記憶、聴覚イメージ
身体表現	道具を使った模倣あそび（マラカスなど）	ボディイメージ、動作模倣
	模倣あそび「頭トントン」	ボディイメージ、動作模倣、即時模倣 リズム同期、相手との一体化、コミュニケーション
	手ゆらし遊び 「ゆーらゆーら」	前庭・固有感覚の受け入れ、スキンシップ、ボディイメージ、音楽と動きの一体化、適応力
	リトミック「歩く・走る・ジャンプする」	歩く・走る・スキップ・ゆっくり歩くなどの動作 情動の発散、ボディイメージ、協応動作、即時反応 音楽と動きの一体化、適応力、自己コントロール
	ジャンピング台跳び	情動の発散、音楽と運動（ジャンプ）の一体化 バランス感覚、リラックス、順番を待つ力
	いろいろな踊り	2人（大勢）で歩く・踊る、2人（大勢）で手をつないで回る、ワルツを踊る
	バルーン	情動の発散、ボディイメージ、音楽と動きの一体化、遊びの創造
楽器	触れる、手で叩く（コンガ、ボンゴ、ジャンベなど）	手の感覚受容の高次化、感覚の活用、因果関係の理解、手の操作性、情動の発散、音量の強弱による表現拡大、両手による同じ動作、交互の動作、音楽との一致感、聴覚一運動のコントロール 身体の左右のバランス
	バチで叩く（太鼓、シンバル、スリットドラムなど）	情動の発散、音量の強弱による表現拡大、音楽の余韻の共有、手の巧緻性、両手による同じ動作、交互の動作、目と手の協応、位置記憶、音楽との一致感 聴覚一運動のコントロール、身体の左右バランス
	はじく（ツリーチャイム、カリンバ、オートハープ、Qコードなど）	微細運動の調整、手の巧緻性、運動の方向性 運動の停止、左右の交互性、曲想に合わせる力
	振る（マラカス、ミュージックベル、トーンチャイムなど）	追視、聴覚一運動のコントロール、握って振る動作 手首一肘一肩のバランス、運動の方向性・制御
	吹く（ハーモニカ、水笛、カズー、キンダークラリーナなど）	呼吸の意識化・調整、口腔感覚の調整、発語の促進 舌と唇の協応動作、息と音の因果関係の理解 吹きながら手の操作をおこなう、音階の意識
	こする（カバサ、オートハープなど）	触覚受容、運動の方向づけ
	すべらす（オムニコード、Qコードなど）	触覚受容、運動の方向づけ、見続ける力
	合奏「風になりたい」など	音・楽器への興味、テンポ・リズムの意識と同期、メロディーの意識、みんなで音を出すことへの喜び、情動の発散、曲想に合わせて表現、仲間意識

以下に、子どもの音楽療法でよく使われる四つの活動（「あいさつの歌」「歩く・走る・ジャンプする」「ペンタトニック音階の合奏」「合奏「風になりたい」」）について、ねらいや内容・方法、援助のポイントを紹介してみたい。

4・5・1 「あいさつの歌」

［1］ねらい

●活動の始まりの意識
●自分や他児の名前の意識（相手への意識）
●繰り返しによる安心感（リラックス）
●歌う、呼び名に応じる（発声、発語の促進）
●信頼関係の高まり

［2］準備

●子ども用のイスを人数分用意

［3］内容・方法

半円形の席に数人（三人から八人）の子どもが座り、中心にいる大人が子どもたち一人ずつに端から順番に歌いかける。音楽はそれぞれのセラピストが独自に作曲をして提供することが多い。「こんにちは。○○ちゃん」というように、あいさつのことばや子どもの名前を呼びかけることが多い。

［4］援助のポイント

- 順番は見通しを持ちやすいように、左右どちらかの端からおこなう。その場合、待つことが難しい子どもをできるだけ端に座らせ優先的におこなうようにする。慣れてきたら、だんだんと順番を後回しにしていく。
- 他児と大人とのやりとりが見やすいように、イスはできるだけ半円形に配置する。子どもの名前は、まわりの子どもにもわかるように、ゆっくり、はっきりと歌いかけるようにする。
- あいさつの途中で「こんにちは」のおじぎや握手をするなど、コミュニケーション行動に発展させることも有効である。しかし、握手で手を出さない子には無理に手をつなごうとせず、視線を少しだけ合わせたり、ひざに軽く触れたり、一緒に左右に揺れるなど、それぞれの子どもに合ったやりとりをする。

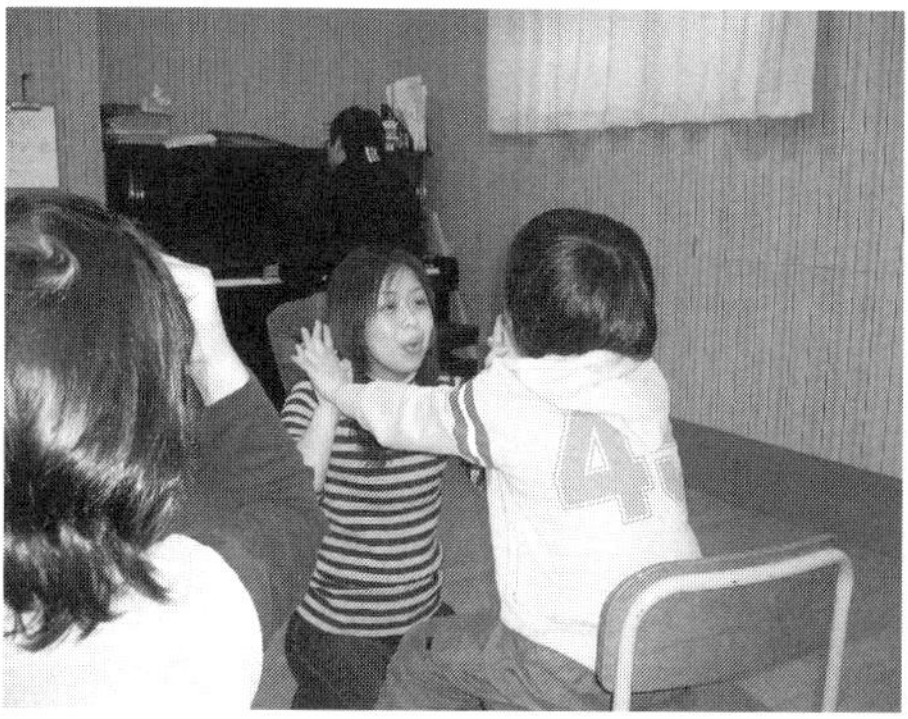
あいさつの歌の様子

4・5・2　歩く・走る・ジャンプする

［1］ねらい

●情動の発散
●ボディイメージ、いろいろな動きの獲得、協応動作
●即時反応、適応力、自己コントロール
●音と動きの一体化

［2］準備

●色テープによるサークル（フロアの床に、歩いて回る大きさの目印となるサークルを作る）

［3］内容・方法

子どもたちはみんなと一緒に歩いたり走ったりするのが大好きである。粗大運動をおこなうことによって開放的な気持ちになったり、いろいろな動きを獲得できたりする。ここでは、「歩く」を基本に、随時「走る」「ゆっくり歩く」「ジャンプ」「スキップ」「ハイハイ」などの動作を取り入れていく。次のような段階を経ると子どもは活動を理解しやすい。

①第一段階（まずは歩いて走って）

「歩く」「走る」をそれぞれの動きに合った音楽に乗って、交互におこなう。使用する曲は、「歩く」は『となりのトトロ』から「さんぽ」（中川李枝子作詞、久石譲作曲）など。「走る」は「糸まきの歌」（作

詞者不詳、デンマーク民謡）を速く弾く、など。その際、「歩く」では歩きやすいように、歩調のテンポにピアノ伴奏の低音部を合わせる。また「走る」では、高音部を軽やかに奏でる。曲の変わり目では必ず音を止めて、静寂の時間を設けるようにする。

②第二段階（**ときどきゆっくり歩く**）

「歩く」「走る」にときどき「ゆっくり歩く」を加えて、動きに変化を持たせる。その際の曲は「歩く」の曲をゆっくり弾くようにする。一定の速さで歩くときに比べて「ゆっくり歩く」は子どもにとってやや難しい活動であり、行動を調整する力（自己コントロールの力）が必要となる。

③第三段階（**いろいろな動きに挑戦する**）

「歩く」「走る」「ゆっくり歩く」に慣れてきたら、子どもの発達レベルに合わせてさらにいろいろな動きを取り入れていく。例えば、「ジャンプ」（『人形の夢とめざめ』から「人形の踊り」テオドール・エステン作曲）、「スキップ」（『魔女の宅急便』から「元気になれそう」久石譲作曲）、「ハイハイ」（「おんまはみんな」中山知子作詞、アメリカ民謡）など、普段はあまりおこなわないような動作（非日常的動作）を多く取り入れ、いろいろな身体の動きを経験させる。

④第四段階（**イメージしながら動きに挑戦する**）

子どもたちのなかに見立てる力（イメージする力）が育ってきたら、動物や乗り物を演じる動きを取り入れていく。例えば、「ぞう」「うさぎ」「ちょうちょ」「ひこうき」などの動きが考えられる。これらは、いわゆるリトミック活動といわれるものにつながっていく。

4・5・3　ペンタトニック音階の合奏

［1］ねらい

●音色や音の響きへの興味
●みんなで音を出すことの喜び
●曲想に合わせることを楽しむ
●仲間意識、協調性
●ピアノ伴奏との一体感を味わう

［2］準備

●音階楽器（ペンタトニック音階の音）を子どもとセラピストの人数分（例：ミュージックベル、トーンチャイム、音積み木＋バチ）
※ペンタトニック音階とは、一オクターブのなかの五音からなる音階で、民族によってさまざまな組み合わせが使われている（音の組み合わせの例：Cペンタトニック――ドレミソラド、Gペンタトニック――ソラシレミソ、黒鍵ペンタトニック――鍵盤楽器の黒鍵にあたる派生音の五音、琉球音階――ドミファソシド）。
●子ども用のイスを人数分用意

［3］内容・方法

音階楽器は、みんなが同時に音を出すと不協和音になりやすく、一体感を得にくくなる。ところが、ペンタトニック音階の音を使って演奏すると、不協和音にならず、とてもきれいに響き合う。子どもたちは心地よく、一体感を味わいながら演奏することができるだろう。

①セラピストが楽器を二本（違う音）、自分の後ろに隠し持って、子どもの集団（半円状に並べたイスに座る）の前（中央）に立つ。子どもが全員、集中してセラピストを見たところで、そっと一本だけ出して音を一回鳴らす。その際、残響音が消えるまで動きを止めてじっとしている。

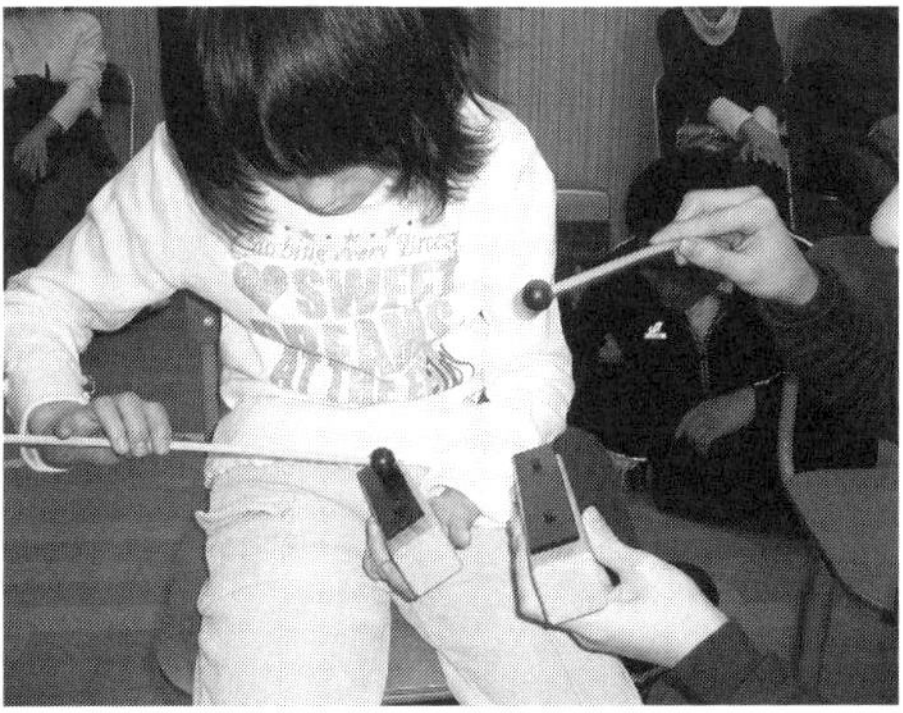

音積み木を用いたペンタトニック合奏

②一本の音を三回から四回聴かせたら、もう一本も出して、同時に二本の音を鳴らす。子どもたちが二音の調和を味わえるようにするため、残響音が消えるまで聴かせる。

③子どもがさらに楽器に集中できそうなときには、一人ずつの近くに行って、耳元でそっと音を鳴らしてみる。

④子どもに十分に楽器を見せたり聴かせたりした後、かごの中にある楽器から自分の好きなものを一つ選ばせ、しばらく自由に触らせる。アシスタントも同じ楽器を手にして思い思いに音を鳴らし始める。

⑤みんなが音を出し始めて、一分ほどしたらピアノ伴奏（同様のペンタトニック音階を使用）が入る。慣れてきたら伴奏を変化（音の強弱の変化や拍子の変化）させる。セラピストがモデルとなって伴奏に合わせて楽器の鳴らし方を変え、アシスタン

トや子どもも合わせて演奏する。

［4］援助のポイント

- 子どもがかごから楽器を選ぶ際、二つ同時に音を出すことが可能な子どもには二つ取らせ、それが難しい子どもには一つだけ取らせるように援助する。
- トーンチャイムを振る動作が難しいときには、援助は控えめにする。援助は握り方や振る方向を教える程度にし、子どもの試行錯誤を大切にする。また、トーンチャイムは音の高低によって太さや長さが異なるため、子どもが楽器を選ぶときには、子どもの身体や手の大きさを考慮して準備する。
- 音積み木を片手に持って叩くことが難しい場合は、机を用意して、その上に置いてバチで叩かせるようにする。操作に慣れたら、音積み木の数を増やしたり、音積み木同士を離して置いて叩かせたりすると、目と手の協応の力を高められる。

トーンチャイムを用いたペンタトニック合奏

4.5.4　合奏「風になりたい」

［1］ねらい

● いろいろな音や楽器への興味
● テンポ、リズムへの意識と同期（音に合わせる力）
● 曲想に合わせて表現する力
● 情動の発散、みんなで一緒に音を出す一体感

［2］準備

合奏時の様子

● ラテン風楽器（マラカス、鈴、ボンゴ、コンガ、キッズジャンベ、ウッドブロック、クラベス、スリットドラム、タンバリン、カスタネット、ビブラスラップ、アゴゴベル、カバサ、ツリーチャイム、ギロ、トライアングル、竹など）

［3］内容・方法

セラピスト1は半円状に座った子どもたちの前（中央）に立ち、その日使う楽器を一種類ずつよく見せながら、少しずつ音出しをおこなっていく。提示が終わったら、子ども全員に一斉に前に出てきてもらい、それぞれ好きな楽器を選ばせる。その際、選ぶのが難しい子どもには、アシスタントが横について二種類から三種類の楽器から子どもに選ばせる、など配慮する。全員が一通り楽器を選んだら、再び席に戻ってもらい、子どもにはしばらくの間自由に音出しをさせる。その後、セ

ラピスト1がサンバ風のリズムをウッドブロックやサンバベルなどで明快な音を奏で、セラピスト2がボンゴなどで安定した拍を刻む。これらのリズムにつられて、子どもたちは徐々に自分なりの表現をおこなうようになる。しばらくリズムを共有した後、ピアノ伴奏が加わる。

「風になりたい」（宮沢和史作詞・作曲）は多くの子どもたちが好む曲である。リズム楽器をたくさん使ったこの活動には、次のようなメリットが考えられる。

- みんなが演奏し集団のエネルギーが渦巻くなかで、思う存分楽器を演奏できる。
- 毎回いろいろな種類の楽器を選べる。
- 固有感覚（竹、金属楽器など）や際立った音の受容（曲の中間部の笛やアゴゴベルなど）など、感覚に訴える楽器が多い。
- リズムの種類が多く、自分の好きなリズムを奏でることができる。
- 中間部の掛け合いの面白さを味わうことができる。

［4］援助のポイント

- 楽器提示の際に、待てない子どもが前に出てきたらそのつど希望する楽器を渡し、子どもに十分な満足感を味わってもらう。そのようなかかわりをおこないながら、毎回提示時間を少しずつ長くするなど、待つ場面を増やしていく。
- 合奏が全体で盛り上がっているときに楽器を奏でる手の動きを止めた子がいたとしても、すぐに手を直接持って働きかけるということはせず、その子がなぜ動きを止めているのかをじっくりと観察し、それに応じたかかわりをおこなう（まわりの人の音を聴いているので動きをじっと止めることなどが多々ある)。

●子どもが盛り上がっているときは、あまり興奮させないように、ことばかけや動作模倣などを大げさにならない程度に提案していく。

4・6 フィードバックを丁寧におこなう

セラピストは、セッション終了後にフィードバックをおこなう。学校現場でいえば、研究授業の後の授業研究会のようなものである。指導者でスーパーバイザーの音楽療法士のもとでその日のセッションを振り返る。それは、その場に参加したセラピスト一人ひとりが自分の専門性を高め、今後のセッションに生かすためである。具体的には、フィードバックによって以下の点が明確になってくる。

①**対象者についてより詳しく知ることができる**

対象者の過去の様子と現在の様子を比べることで、音楽療法によって対象者がどのように変容を遂げたかが見えてくる。

②**セッションの活動内容が適切であったかどうかを知ることができる**

その日実際におこなった一つひとつの活動が、対象者に合っていたかどうかを振り返ることが大切である。

③セラピスト自身の対象者へのかかわり方・音楽の使い方が適切であったかどうかを知ることができる

対象者にどのように音楽を提供したか、あるいは一人ひとりの対象者との関係性について、セラピストは常に考える必要がある。

④セッションの関係者に経過を説明することができる

右記の①から③の話し合いを積み重ねることで得た知見により、セラピストは他の専門家や保護者に対して、実際におこなった活動の意味を適切に伝えることが可能になってくる。音楽療法にとってインフォームド・コンセントは必要不可欠といえるだろう。

さて、実際のフィードバックはどのようにおこなっていけばいいのか。例えば、初心者同士がいくら熱心に語り合っても、そこでは限界があって有意義なフィードバックとはなりえないだろう。やはり、経験の長い音楽療法士のもと、対象者の特性を十分にふまえた話し合いが必要になってくるのである。具体的には、セッションの場面ごとに一人ひとりが意見を出し合い、それについてスーパーバイザーがアドバイスをおこなう。その際、対象者とのかかわり方や音楽の提供の仕方など、具体的に指摘することが大切になってくる。このスーパーバイズについては、各セラピストに対して「よくなかった点」「改善すべき点」をストレートに伝えるだけでは十分とはいえない。なぜなら、アドバイスの内容がセラピストの人間性にかかわることが非常に多いからである。立場の違いはあるにせよ、指導する側と指導される側はともに大人同士であり、初心者のプライドに配慮しながら客観的なアドバイスをおこなっていく必要がある。必要以上に言いすぎても、あるいは言い方が不十分すぎても、伝えたいことが伝わらないということになってしまう。難しいことではあるが、セラピストが対象者のために自分自身を振り返り、軌道修正ができるよう、スーパーバイズをおこなっていくことが理想といえるだろう。

ところで、フィードバックでは、ビデオを用いてセッションを振り返ることもある（特に子どもの領域では多く使われている）。ビデオ分析では、セラピストと対象者のやりとりやその場で使用した音楽がそのまま再現できるというメリットがある。ビデオは決して嘘をつかないのである。そのため、自分がおこなったセッションのどこが有効であり、どこが不適切であったかを、自分だけでなくセッションに参加した人（あるいは参加しなかった人）が明確に知ることができるのである。対象者の視線、表情に対して適切に対応できたかなど、セッションの最中には見落としがちな場面もはっきりと読み取ることができるため、スーパーバイザーとともにビデオ分析をおこなっていくことの価値は非常に高いといえるだろう。一人でビデオを見て分析することも可能だが、多くの人の意見を聞きながら「自分自身を適切に変えていく」ということが、セラピストにとって課された使命といえる。なお、ビデオは「嘘をつかない」ため、「逃げ道がない」という要素もある。大勢の前であまりに過激に指摘をすることは、前述のとおりセラピストの人間性にもかかわってくるため、十分な配慮を要するところである。

4・7 即興の力をつける

4・7・1 まずは相手に伝えたい気持ちを持つ

母親が子どもに歌いかけるとき、それがじょうずだとかへただとか、音楽的な技術が問題にされることはない。母親は歌いかけたいから歌うのであり、そもそも表現とは、そのように自然なものである。同様に、セラピストもとにかく対象者に「自然に」表現する（歌いかけ、楽器を奏でる、動作、ことばなど）ことが大切になってくるだろう。もちろん、日々音楽的な技術を高めることはセラピストにとって当然の姿勢といえる。しかし、そのことにあまりにこだわりすぎると、肝心の対象者を見失ってしまうのである。まずは、相手に伝えたいという気持ちを強く持ち、そのうえで、より自然に伝える手段を考えていく必要がある。肩の力を抜いて、自然に表現することが、セラピストとして最も魅力的なのである。

4・7・2 ピアノ伴奏の役割を考える

音楽療法では、対象者が表現したことに対して、セラピストが歌や楽器で同じように合わせたり、少し雰囲気を変えて「こんな感じで表現してみるのもいいでしょう」と誘いかける場面がよく見られる。そこでは、このようなことばを使わないコミュニケーション（ノンバーバル・コミュニケーション）が頻繁にとられていて、そのやりとりで大きな部分を担っているのが「ピアノ伴奏」である。

セッションでは、ピアノ伴奏は主役（対象者）を引き立てる名脇役である。それは、音楽療法ではなくてはならない存在であり、演奏次第では、その場にいる人たちすべてをいきいきと輝かせることができる。その一方、対象者の気持ちを無視して演奏をおこなえば、場の雰囲気やセッションの流れを壊してしまう。ピアノはそのような重要な役割を担っているのである。

では、ピアノ伴奏は一体どのようにおこなえばいいのか。それは、ただ〝きれいに〟〝音を間違えず楽譜どおりに〟弾くということではない。大切なのは、そのような技術面にあまりにとらわれないことである。セラピストのなかには、楽譜を熱心に見ながら弾くことで、演奏が対象者の気持ちやその場の雰囲気とずれてしまっているケースを見かける。また、〝きれいに〟弾くことを重視するあまり、自分の演奏に酔ってしまい、ピアノだけ浮いた存在になってしまうケースも見られる。これでは、せっかくのピアノ伴奏がセッションのなかで有効に生かされなくなってしまう。もちろん、セラピストには演奏するためのテクニックが必要であり、曲を間違えずに（もちろん暗譜で）弾けるよう、日常的な練習が求められる。そのうえで、小さなミスタッチを恐れず、相手に表現したいという気持ちを強く持ち、その場と一体となった演奏をおこなうことが対象者を心地よくさせるのである。

以下に、子どもの音楽療法で、ピアノ伴奏で留意すべき点を具体的に提案してみたい。ただし、これらは、あくまで一つの方法論として参考にしてほしい。なぜなら、弾き方はセラピストによってさまざまなのである。

①すべての活動に共通

●ピアノの音のボリュームに気をつける。自分が思っている以上に大きい音が出ていたり、小さすぎて聞こえないことがある。その場合、子どもの位置にいるセラピストやアシスタントなどに、音の大きさがちょうどいいか確認してみるといい。

②歌の活動

●子どもたちが歌いやすい音域を知り、それに応じた調で弾く。

●前奏から歌い出しに入る際、前奏の最後の小節でrit.（次第に遅くしていくこと）し、最後の一音をテヌート（音の長さを十分に保って弾くこと）ぎみに弾くことで、歌い出しをわかりやすくする。

●右手は歌の主メロディーを弾き、左手は曲想に合った伴奏をつける。

●曲の一番が終わり二番に入るときには、一呼吸つくための間奏を入れる。

●曲の終わりはdim.（次第に弱くしていくこと）とrit.で弾き、最後の一音はやや長めに伸ばす。

③身体活動（曲に合わせて、歩いたり走ったりする活動）

●歩き始める際、一小節程度の前奏（同じ和音を四分音符で四つ弾くなど）を入れてから弾き始めると歩きやすい。

●自分のテンポではなく、あくまでも子どものテンポに合わせて弾き始める。

●歩き始めたら基本的に一定のテンポで弾き、子どもが走りだすなどしたら、動きに合わせて速く弾く。

●一つの動きの終わりで音を止める際は、終わりに近づいたところでdim.とrit.し、最後の消え入る音を大切にする。その後、沈黙の時間を設ける。

●走る際は、同じ弾き方を続けると子どもが飽きてしまうので変化をつける（分散和音→和音で速く弾く→グリッサンド〔ある音から他の音へ、すべらせるように急速に奏すること。ピアノでは、鍵盤上で指をすべらせて弾く〕など）。

●ゆっくりした動きでは、できるだけシンプルな音使いにし、和音を足の動きよりやや遅めに弾き、動きを促す。

●各動きによって、ピアノの弾く位置（音の高さ）を変える。歩く→中音部、走る→高音部、ゆっくり→低音部、というように。

④身体活動（トランポリン跳び）

●子どもが跳び始めるのを待ち、跳び始めたら足の着地に合わせて左手で和音を弾き、右手は曲のメロディーを弾く（子どもが知っている曲を弾くと、始まりや終わりがわかりやすく、安心して活動に向かえる）。

●右手のメロディーは、子どもの動きに合わせて弾き方を変えるといい（例：跳びながら手を叩いたら、動きに合わせてその部分の音をつけ足す）。

●子どもが跳ばないときは、まずはその気持ちを受け入れるように静かにメロディーを弾き、しばらくしたら音を止めたり、曲調を変えたり、和音を行進曲風に弾くなどして跳ぶきっかけをつくる（跳ぶように促す）。

⑤楽器活動

●楽器が出す音より先に弾き始めず、子どもたちが奏で始めて少ししてから、その楽器の音色に合わ

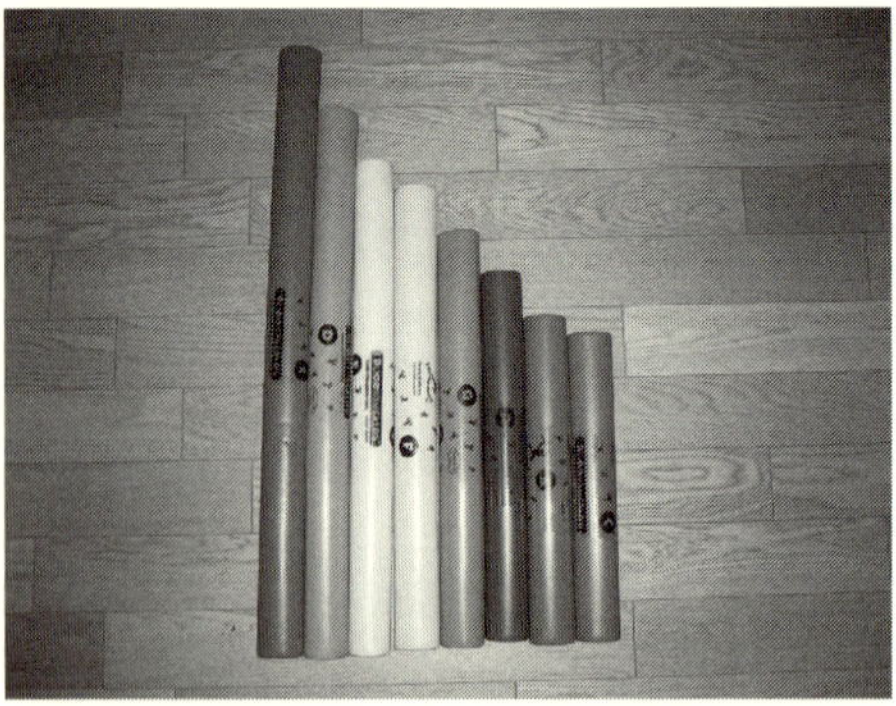

ブームワッカー●プラスチック製のカラフルな筒状のパイプ。音ごとに色分けがしてある（音によって長さが異なる）。手に持って、机や床、身体（頭や手足など）を叩くと、「ド・レ・ミ・ファ・ソ・ラ・シ・ド」の音を出すことができる。

せた調や雰囲気で弾き始める（例：金属楽器→高音部で静かに弾く。打楽器→中音部で左手の和音をはっきり刻む）。

●集団場面では、全体を見ながら、誰か核となる子ども一人の表現方法（はっきりとした音でテンポを刻む、など）に合わせて弾く。その子どもがピアノを意識することで、やりとりに発展する。さらに、そのやりとりを大人や周囲の子どもが気づいて、そのテンポに合わせることで、一体感を持てる。

●一体感が持てる例として、トーンチャイムを細かく振る→アルペジオ（和音の各音を分散させて、下または上から順番に弾くこと）やトレモロ（同じ音を急速に反復して弾くこと。二音の場合は交互に反復する）を使って合わせる、ブームワッカーを大きく振りながら叩く→両手とも和音にして、ぶつかる音に合わせる、などが考えられる。

●一つの楽器を長く演奏していると単調になりやすいので、曲の途中で拍子を変えたり（二拍子→三拍子）、調を変えたりする。

※活動の詳細は、以下の著書を参照。
前掲『子どもの豊かな世界と音楽療法』

加藤博之『子どもの世界をよみとく音楽療法――特別支援教育の発達的視点を踏まえて』明治図書出版、二〇〇七年

4・7・3 音楽場面における即興の大切さ

音楽療法で使用している音・音楽は、そのすべてが即興的な意味を持っていると考えられる。では、即興をおこなうことはどのような意味やメリットを持っているのだろうか。ここで、即興に関する一つのパターンに注目してみたい。

ある子どもがスネアドラムをバチで叩いている。その表現にピアノで伴奏をつける場合、どのように音楽を提供すればいいか。まずは、その子がどのような叩き方をするのか、じっくりと注目する必要がある。子どもによっては、叩く強さやテンポが一定にならず、いきなり「ダダダダ……」と強烈に叩くかもしれない。また、慎重に、恐る恐る「チョン」と触れては、スネアドラムをじっと見つめる子もいるだろう。このように、子どもの表現はさまざまである。だからこそ、伴奏者は子どもの表現を無視して、「さあ私の伴奏に合わせて叩きましょう」と言わんばかりに弾き始めてはいけない。それによって、子どもと大人（伴奏者）の間に一体感が生まれなくなってしまうのである。そうなると、音楽療法は成り立たなくなってしまうだろう。

このようなときに、音楽療法ではその場その場でアレンジをしながらピアノ演奏をおこなう。それは、既成曲を弾いているときも同じであり、子どもの様子（叩き方、バチの持ち方、伴奏に対する意識な

ど）を丁寧に見ながら、弾き方を微妙に、あるいは大胆に変えたり、場合によっては全く別の既成曲を提供するなどして、とにかく即興的に演奏をおこなうのである。

このパターンからわかってくることは、「なぜ即興をおこなうのか」ではなく、音楽療法そのものがコミュニケーションであり、それはまさに即興だということである。このことを、日常会話の場面に置き換えてみるとわかりやすい。私たちが相手と会話をしているとき、あらかじめ決めたことばだけを、そのとおりに話すことはありえない。そのときどきの様子によって、話す調子を変えたり、少し間《ま》をあけてから話したり、あるいは黙って見つめ合ったりするなど、無意識のうちにさまざまな手法を使っているのである。話の展開によっては、気持ちと全く反対のことを言ってしまうこともあるだろう。つまり、やりとり自体、常に即興的なのである。

このように、「即興」は相手の心の動きや行動に一瞬一瞬応じていくことといえる。コミュニケーション（やりとり）は、まずは相手に寄り添うところからスタートする。それを音楽でおこなおうとするのが音楽療法である。また「即興」は、相手の気持ちに応じるだけでなく、その気持ちを音楽表現によってさらに引き出して拡大することも可能である（「楽しい」から「もっと楽しい」へ）。さらに、対象者が「即興」で奏でられた音楽を意識することは、そのまま音楽を奏でる伴奏者（人）への意識にもつながっていくのである。

音楽療法士は、音楽で即興的に応じていくために、日々その技術を磨くための努力が求められる。もちろん技術だけではなく、自分を解放し、遊び心を持つことが、即興をおこなうために必要な態度や姿勢を養うことにつながってくる。そのことは「音楽療法」に限らず、人とかかわるすべての臨床に通じることだろう。「即興」という柔軟で臨機応変の力がなければ、対象者の気持ちを理解することも難しいだろうし、対象者がおこなう表現に即座に応じることができなければ、相手との信頼関係づくりも難しいだろう。つまり、音楽療法の場面に限らず、人はすべての場面で、即興で応じる力が不可欠になってくるのである。

参考文献

宇佐川浩『感覚と運動の高次化と自我発達――障害児臨床における子どもの理解』全国心身障害児福祉財団、一九八九年

宇佐川浩『障害児の発達支援と発達臨床――発達臨床心理学からみた子ども理解』全国心身障害児福祉財団、二〇〇一年

宇佐川浩『障害児の発達臨床とその課題――感覚と運動の高次化の視点から』(「淑徳大学社会学部研究叢書」7)、学苑社、一九九八年

岡本夏木『幼児期――子どもは世界をどうつかむか』(岩波新書)、岩波書店、二〇〇五年

加藤博之『子どもの世界をよみとく音楽療法――特別支援教育の発達的視点を踏まえて』明治図書出版、二〇〇七年

加藤博之『子どもの豊かな世界と音楽療法――障害児の遊び&コミュニケーション』明治図書出版、二〇〇五年

久保田正人『二歳半という年齢――認知・社会性・ことばの発達』新曜社、一九九三年

鯨岡峻「関係が変わるとき」、秦野悦子/やまだようこ編『コミュニケーションという謎』(「シリーズ/発達と障害を探る」1)所収、ミネルヴァ書房、一九九八年

鯨岡峻編『養護学校は、いま――重い障害のある子どもたちと教師のコミュニケーション』ミネルヴァ書房、二〇〇〇年

小坂哲也／立石宏昭編『音楽療法のすすめ――実践現場からのヒント』ミネルヴァ書房、二〇〇六年
小山正「知的障害をもつ子どものことば――言語と認知発達との関連を中心に」、笹沼澄子監修、大石敬子編『子どものコミュニケーション障害』（「入門講座／コミュニケーションの障害とその回復」1）所収、大修館書店、一九九八年
渋谷昌三『人と人との快適距離――パーソナル・スペースとは何か』（NHKブックス）、日本放送出版協会、一九九〇年
遠山文吉「障害のある子どもの音楽療法」「現代のエスプリ」第四百二十四号、至文堂、二〇〇二年
中川信子『健診とことばの相談――1歳6か月児健診と3歳児健診を中心に』ぶどう社、一九九八年
長崎勤／小野里美帆『コミュニケーションの発達と指導プログラム――発達に遅れをもつ乳幼児のために』日本文化科学社、一九九六年
長崎勤／佐竹真次／宮崎眞／関戸英紀編『個別教育計画のためのスクリプトによるコミュニケーション指導――障害児との豊かなかかわりづくりをめざして』川島書店、一九九八年
日本学校音楽教育実践学会編『音楽の授業における楽しさの仕組み』（「学校音楽教育実践シリーズ」4）、音楽之友社、二〇〇三年
日本学校音楽教育実践学会編『障害児の音楽表現を育てる』（「学校音楽教育実践シリーズ」3）、音楽之友社、二〇〇二年
浜田寿美男『「私」というもののなりたち――自我形成論のこころみ』ミネルヴァ書房、一九九二年
浜田寿美男『「私」とは何か――ことばと身体の出会い』（講談社選書メチエ）、講談社、一九九九年
正高信男『子どもはことばをからだで覚える――メロディから意味の世界へ』（中公新書）、中央公論新社、二〇〇一年
松井紀和『音楽療法の手引――音楽療法家のための』牧野出版、一九八〇年
松井紀和編『小集団体験――出会いと交流のプロセス』牧野出版、一九九一年
松樹偕子、芸術教育研究所編『障害児の音楽指導』（「障害児教育&遊びシリーズ」3）、黎明書房、一九九九年

第5章

音楽療法の実際

――NPO法人子ども発達センターとまとの実践

5・1 NPO法人子ども発達センターとまとができるまで

ここでは、筆者が代表を務めた「NPO法人子ども発達センターとまと」でおこなわれていた音楽療法の活動内容について紹介したい。NPO法人子ども発達センターとまと（以下、とまと）は、主に埼玉県内（一部東京都と茨城県）の障害のある子どもたちの発達促進を目的とし、音楽療法を中心とした活動をおこなっている。具体的には、子どもたち一人ひとりが自由にのびのびと音楽表現をおこなうなかで、情緒の安定やコミュニケーション能力の促進、スムーズな集団適応力の獲得、将来は音楽がある生活を送ることができる（余暇活動の広がり）、ことなどを目指している。

スタッフは、主に音楽療法士や保育士、教員、学生などで構成されている。子どもの支援だけでなく、スタッフの育成にも力を入れていて、各スタッフはとまとの援助のもと、音楽療法士の認定資格の取得をはじめ、さまざまな専門分野のスキルアップを図っている。また、とまとは各地域の親の会や保健所などの依頼を受けて、その地域に出向いて音楽療法をおこなう「出張セッション」を実施している。本章では、筆者の専門分野である「障害児への音楽療法」のさまざまな可能性について、具体的に紹介していきたい。まずは、とまとが発足し、現在に至るまでの取り組みについて紹介しよう。

［1］地域の障害児のために

障害児の育ちにとって、いまの地域社会は十分に適切な環境であるといえるだろうか。一般的に、健常児であれば、子どもたちは放課後や休日などに、余暇活動として塾や習い事、地域の運動チームに所属するなど、さまざまな過ごし方をしている。ところが障害児の場合、交流する友だちが少なかったり、安全面などへの配慮、周囲の理解や援助が得られないなどの理由から、大半を家で過ごすことが多く、積極的に余暇を楽しむ場を持ちにくいという実態がある。しかし、彼らも自分の好きなこと（趣味や熱中したいこと）をしながら、生活を豊かにしたいという当たり前の気持ちを持っている。このような背景のもと、地域の保護者から「障害児が音楽遊びを楽しめる場をつくってほしい」という要望を受け、当時小学校の教員をしていた筆者を中心に数人の仲間とともに任意団体「音楽リズムサークル・トマト」を発足させた。この名称は、「子どもがトマトのようにじっくりと熟していってほしい」という保護者の願いからつけられたものである。発足当初は、就学前後の障害児を対象に、隔週土曜日、公民館などの公共施設でグループによる音楽活動をおこなった。また、運営は保護者とボランティアスタッフ（教員、ピアノ講師、保育士、主婦など）が協力しておこなった。

［2］任意団体からNPO法人へ

サークル活動を続けていくなか、参加希望の子どもたちは徐々に増え続け、地域における需要の多さを知ることになった。同時に、このような任意のサークルが活動を続けていくうえでの難しさも実感した。まず第一に、活動の場が公共施設であるために一般の団体と同じ条件で予約をおこなう。当然会場費が必要となり、他にも楽器や備品、教材などをそろえるための資金、それらを保管する場所や運搬する手段が必要となってくる。また第二に、スタッフを安定して確保しなければならないということがある。当時のスタッフは、全員がボランティアであり、都合がつくときは参加するというかたちをとっていた。そのため、日によって参加人数がまちまちだった。また、継続して参加できないスタッフは、当然子どもとの関係がつくりにくいというデメリットもあった。

このような問題を抱えながらも、県内外各地の保護者や関係者から「自分の子どもも参加させたい」という問い合わせが頻繁にくるようになった。当時は、活動を広げていきたいという思いと、そのための条件がそろわないというジレンマに陥っていたのである。

しかし、このころスタッフのなかに音楽療法士の資格を取得する者も出てきて、サークルを専門的な音楽療法の場にしたいという保護者とスタッフの思いが一致するようになった。また、障害児とのかかわりを体系的に学びたいという声もスタッフのなかから出てくるようになった。そこで、団体としての社会的信用を得ること、障害児への音楽療法活動の提供、およびスタッフの人材育成の場を作ることを目的にNPO法人を取得することにした。ここに「NPO法人子どもの音楽療法サークル・トマト」が誕生したのである。

NPOとは「Non Profit Organization（＝特定非営利活動法人）」のことである。一九九五年の阪神・淡路大震災後のボランティア活動を大きなきっかけとして、九八年に特定非営利活動促進法（いわゆるNPO法）が成立され、それ以来急速に認知されるようになった。NPOの事業内容は、公益の増進を目指して社会貢献活動をおこなうものである。いわゆるビジネスには向かない、ニッチ（すきま）

市場をねらうことが多く、なおかつ将来拡大する見込みがある市場への参入が多くなされている。これらは、国や地方自治体、企業が担えないことをおこなう事業ともいえるだろう。主な事業は、①特定非営利活動事業、②その他の事業（その活動資金を得るためにおこなわれる収益事業としてのその他の事業、バザー、物品販売、講演会の実施など）である。ＮＰＯの特徴は以下の五点に集約される。

①正式の組織であること

法的に法人として承認されているかどうかではなく、実質的に規約や定款などを定めており、組織としての意志決定のシステムが明文化されていること。

②民間であること

政府や行政、その外郭団体などは含まれない。

③利益配分をしないこと

ＮＰＯはボランティア活動だけでなく収益事業もおこなうが、そのときに得た利益については出資者に配当するのではなく、次の活動資金として活用する。ミッション（社会的使命）のために再投資する。

④自己統治的であること

自己統治能力、すなわち理事会などの意志決定機関があることが必要。

⑤自発的であること

強制的に参加するのではなく、自発的な参加が大切である。

また、NPOは活動範囲が以下の十七分野に限定されており、「NPO法人子どもの音楽療法サークル・トマト」はそのうち、①と⑪の項目を活動分野としている。

NPOの活動範囲（十七分野）

①保健・医療又は福祉の増進を図る活動
②社会教育の推進を図る活動
③まちづくりの推進を図る活動
④学術、文化、芸術又はスポーツの振興を図る活動
⑤環境の保全を図る活動
⑥災害救助活動
⑦地域安全活動
⑧人権の擁護又は平和の推進を図る活動
⑨国際協力の活動
⑩男女共同参画社会の形成の促進を図る活動
⑪子どもの健全育成を図る活動
⑫情報化社会の発展を図る活動
⑬科学技術の振興を図る活動
⑭経済活動の活性化を図る活動
⑮職業能力の開発又は雇用機会の拡充を支援する活動
⑯消費者の保護を図る活動
⑰前各号に掲げる活動を行う団体の運営又は活動に関する連絡、助言又は援助の活動

（内閣府のＮＰＯホームページhttp://www.npo-homepage.go.jp）

［３］音楽療法サークルから発達支援の場として発展

ＮＰＯ法人化後、公共施設を一部無料で借りられるようになったり、助成金が得られるなど、少しずつ活動の環境が整ってきた。また、スタッフの研修時間を保障するために、フィードバックの時間をセッション終了後に設け（一時間から二時間）、障害児とのかかわり方や音楽療法の理論と実践を学んだ。

ところで、障害児は本来、継続的な支援を必要とするにもかかわらず、幼いころから毎年担当者（保育者、教員）が変わってしまうという状況が見られる。つまり、保護者が子どもの成長を長期間にわたって相談できる相手がいないのである。そのため、筆者はスタッフや保護者と相談して、活動の中心に音楽療法をすえながら、長い期間をかけて子どもの発達をトータルに援助していくことを考えるようになった。

各方面に相談していくなかで、新しい活動場所として、空き店舗をリフォームして賃貸で提供してもらえることになった。活動場所を固定化したことによって楽器などの備品の運搬の手間を省くことができ、結果的にいろいろなプログラム内容を提供できるようになった。これを機に、事業内容を「音楽療法活動事業」から「発達支援事業」に変更し、埼玉県伊奈町を拠点に「ＮＰＯ法人子ども発達センターとまと」として新たに活動を開始したのである。

5・2

NPO法人子ども発達センターとまとの活動

とまとの歩み

一九九七年　前身となる「音楽リズムサークル・トマト」発足。
一九九八年　「東京新聞ショッパー」に掲載される。
二〇〇〇年　「朝日新聞」に掲載される。日本財団から助成金を受ける。
二〇〇一年　ホームページ開設。「東京新聞ショッパー」に掲載される。NPO法人の認可を受ける（NPO法人子どもの音楽療法サークル・トマト）。
二〇〇二年　埼玉県から助成金を受ける。市の広報で紹介される。出張セッションをスタートさせる（以後、毎年数回実施する）。
二〇〇三年　講演会（明石洋子）。独立行政法人福祉医療機構から助成金を受ける。
二〇〇四年　TBSラジオ『メイコのいきいきモーニング』で紹介される。講演会を開催する（音楽療法専門家、障害児教育専門家）。「毎日新聞」「埼玉新聞」に掲載される。常設の教室を得る（埼玉県伊奈町）。「NPO法人子ども発達センターとまと」に改称。会員数（参加幼児・児童数）が三十人に達する。
二〇〇五年　春日部保健所からの依頼で音楽療法を実施。埼玉県伊奈町社会教育協議会主催の福祉まつりで歌や合奏を発表。会員数が五十人に達する。
二〇〇六年　会員数が約百人に達する（十月末現在）。

5・2・1　NPO法人子ども発達センターとまとの概要

新しいとまとになり、まずは活動日数を月二回から五、六回に増やすことができた。その結果、それまでの人数制限をなくし、希望すれば誰でも入会できるようにした。二〇〇六年（平成十八年）十月現在、県内外から約百人が参加している。参加している子どもの障害のタイプは、自閉症、ダウン症、知的障害、脳性まひなどで、最近になってＡＤＨＤ児やＬＤ児、アスペルガー症候群などの軽度発達障害の子どもが増えている（二歳から十八歳）。保護者は主に、インターネット（ホームページ）やチラシ、口コミなどで情報を得て、問い合わせてくる。その際、まずは体験セッションに参加してもらい、自分の子どもがとまとの音楽療法に合うかどうかを保護者に判断してもらっている。セッションは、発達や年齢に応じて子どもたちを小グループ（三人から五人）に分けておこなっており、一回のセッション時間は約五十分である。

新たな場としてスタートするにあたって、スタッフで話し合い、以下のような理念（ミッション）を掲げた。

［1］とまとのミッション

地域の障害児の発達支援や余暇活動の広がりを目指し、音楽活動を中心としたプログラム（音楽療法、認知・運動プログラムなど）を提供していく。また、保護者への相談を継続的におこなうなかで、保護者とともに子どもを育てていく。

ミッションを達成するために、スタッフは子どもや保護者から謙虚に学ぶ姿勢を大切にし、セッションやフィードバックなどを通じて以下の力を身につけることを目指す。

●子どもを理解する力（アセスメントの力）
●子どもに寄り添い惹き付ける力（かかわる力）
●子どもに適切な支援をおこなう力（適切な課題提供）
●スタッフ同士が連携を図りセッションに臨む力（協調性、人間性）
●保護者と信頼関係を築く力（説明能力、人間性）

また、とまとでは音楽療法の目的、プログラムを以下のように設定している。

［2］とまとの音楽療法の目的

歌や楽器演奏、身体表現、集団活動、鑑賞などの活動を通して、以下のことを目的とする。

●情動の発散や安定
●運動・認知面の発達促進
●言語・コミュニケーション能力の発達促進
●豊かな自己表現力の育成
●対人意識を高め集団性・社会性を養う

セッションの当日はとても忙しい一日となる。それは、セッションをおこなっている時間だけでなく、事前の打ち合わせや準備、事後の片付けやフィードバック（反省会）に十分な時間をかけるか

セッションプログラム例

活動	内容	目的
1 あいさつの歌	オリジナル曲「こんにちは」	始まりの意識
2 歌の活動	季節の歌、アニメソング	歌への興味、発声、動作模倣
3 身体活動	動作模倣遊び、リトミック	模倣、情動の発散、音楽と動きの一体化
4 楽器活動Ⅰ	擬音笛、キンダークラリーナ	楽器への興味、吹く操作、音階の意識
5 楽器活動Ⅱ	合奏「風になりたい」	いろいろな音や楽器への興味、一体感
6 終わりの歌	オリジナル曲「さようならの歌」	終わりの意識、リラックス

らである。そのような地道な取り組みが、一回一回のセッションの充実につながるのである。

［3］セッション当日の流れ

①**スタッフ事前打ち合わせ**（十分）

各グループの子どものアセスメント、活動と目的、方法、使用楽器の確認

②**役割分担**（五分）

各グループに入るスタッフ（リーダー、ピアノ担当、子ども担当、記録係など）の確認

③**楽器・備品の準備、場の設定**（五分）

使用楽器やセッション撮影ビデオ、子ども用のイスなどを準備

④**セッション**（各回五十分、一日五セッションから六セッション）

⑤**保護者への説明**（各回五分）

セッションの説明、相談への対応、事務連絡など

⑥**楽器などの片付け**

使用した楽器の消毒、後片付け、次回のセッションの準備

⑦**フィードバック**（一時間から二時間）

5・2・2　スタッフの人材育成（研修）について

とまとのスタッフは、音楽療法士、保育士、保健師、養護学校教員、学校心理士、特別支援教育士、高齢者施設職員、学生などが所属していて、日常的に以下のような研修をおこなっている。

［1］研修内容

①子どもの理解（アセスメント）

セッションで最も大切なことはアセスメントである。対象者を理解する力がなければ、子どもとのかかわりも音楽的なやりとりも成立しない。アセスメントの力を身につけるための手立ては、セッション中の行動観察、セッション後のビデオ分析、チェックリスト（一四三ページから一四四ページの「個人アセスメント票1・2」参照）、各種発達検査（新版K式、WPPSI、WISC-Ⅲ、田中ビネー）などが挙げられる。また、日頃から子どもの発達（対人・情緒、運動・認知）や障害特性（知的障害、ダウン症、自閉症、アスペルガー症候群、ADHD、LD、脳性まひ、視覚・聴覚障害など）について、文献などを通じて学んでおく必要がある。とまとでは、心理や発達の専門家のアドバイスを定期的に受けながら、目の前の子どもたちの情報量を増やし、それらをセッション時に有効に役立てられるようにしている。

②子どもとのかかわり方

子どもとの関係づくりは、セッションが始まり、まず最初にセラピストがおこなうことである。子どもを理解してから関係をつくるなどという悠長なことは言っていられない。セッションが始まれば、その場に子どもがいるのである。そして、「かかわり方」を身につけるためのマニュアルは存在しない。なぜなら、誰かに有効な方法論が他の人にも有効とは限らないからである。「かかわり」はセラピスト個々人の「人間性」によるところが非常に大きい。人と人とのかかわりにハウツーはないのである。とはいえ、初任者に対して研修をおこなわなければならない。そこでは、まず対象児に寄り添うところからスタートする。子どものペースに合わせるとはどういうことか、一人ひとりの子どもの違いを考えながら、実際に寄り添いながら双方が一体感を持てるよう、努力するのである。「寄り添う」とは、子どもとの距離感や視線、声、動き、姿勢などさまざまな面で合わせることを意味する。この場合も、アセスメントと同様に、専門家のアドバイスを受けながら学ぶことが求められる。なお、とまとにおける子どもとの関係づくりでは、宇佐川浩が『障害児の発達臨床とその課題』で提案するセラピストのかかわり方と臨床訓練や竹田契一／里見恵子編『インリアル・アプローチ』の方法論などを参考にしている。

③音楽療法の理論

音楽療法には、学ぶべき必要な知識がたくさんある。それらを知ることで、なぜ音楽を使って相手とかかわるのか、ということの意味が理解できるようになってくる。しかしながら、知識を先行させてもセッションがうまくいくわけではない。実践をおこないながら、音楽療法についてもっと知りたいという気持ちを持って学ぶことが、モチベーションを高めた学習へとつながってくる。具体的には、スタッフの学習会を設け、巻末の「参考になる書籍」で挙げた本や研究論文を読んだりまとめたりして学んでいる。

④音楽療法の技能

音楽療法では、対象者にさまざまな表現をしてもらうことをその目標の一つとしている。表現してもらうためには、セラピスト自身が「表現する」必要がある。一口に「表現」といっても、これが結構難しいのである。自分を表現するためには、自分自身をよく知り、自分の気持ちを開放して、自然に振る舞うことが求められる。しかし、人前で自然に振る舞うことに抵抗を示す人は意外に多いのである。表現のためのトレーニング方法としては、後述のワークショップが有効になってくる。

また、音楽的な技能については、例えばピアノ演奏では、ある程度の技術のもと、いかにその場を巻き込んだり、対象者に合わせた演奏をおこなえるかが焦点になってくる。日頃から練習量を確保して、柔軟に演奏できる技術を磨いておくことはいうまでもない。とまとでは、実際のセッションで弾いてもらい、フィードバック時にそれに対するアドバイスをおこなっている。なお、ピアノの即興演奏については、4・7「即興の力をつける」を参照にしてほしい。

［2］研修方法

①フィードバック（ビデオ視聴）

毎回のセッション終了後に一時間から二時間のフィードバックをおこなっている（内容の詳細は4・6「フィードバックを丁寧におこなう」を参照）。この地道な積み重ねが、セラピストとしての質を高めるのであり、その結果、対象児の育ちへとつながっていくと考えられる。

②事例研究（ケーススタディ）

対象児を決めて定期的に事例研究をおこなっている。事例をまとめる際には、一定の様式を決め、それにのっとってスタッフ全員が同じテーブルで話し合いをする。様式とは、例えば対象児の簡単な生育歴、セッション当初の様子（感覚面、身体面、運動面、認知面、言語面、対人面、情緒面など）、治療仮説（実態をふまえ、セッションでどのようなことを展開していきたいか）、治療経過（一定期間の変容の様子）、まとめ（有効だった点、課題など）である。事例研究会は三カ月に一回程度設けていて、スタッフが二人組から三人組で順番におこなっていく（年間を通して全員のスタッフがおこなう）。なお、発表時には編集したビデオを見せながら説明するようにしている。

③文献研究

日頃のセッション時に生じたさまざまな疑問点を解決するために、定期的に時間を設けて文献研究会をおこなっている。例えば、あるテーマを決め、複数のスタッフがそれについてまとめたものを持ち寄って学習する。自閉症の「こだわり」がテーマであれば、音楽療法場面に限らず、「こだわり」についての書籍・論文を調べ、それぞれが発表する。それによって、スタッフは文献を調べる方法や「こだわり」へのアプローチにもさまざまな方法論があることを学ぶことができ、自分の臨床の幅が広がるというメリットが考えられる。

④発達検査の研修（**新版K式、WIPPSI、WISC-Ⅲ、田中ビネー、乳幼児発達スケールKIDS**）

心理や発達の資格を持ったスタッフを中心に、実際の発達検査の研修をおこなう。具体的な検査方法を学びながら、発達を理解するために必要な知識を増やすことができる。また、検査結果を分析することで、子ども一人ひとりの発達のバランスを知ることができる。これらの情報は、セッションをおこなう際にたいへん参考になる。

⑤**ワークショップ**

フィードバックの時間を使って、ときどき三十分程度のワークショップをおこなっている。内容は、個々の楽器の特性を知るために演奏をしあったり、いろいろな楽器を使って合奏をおこなったりする。また、子ども役とセラピスト役に分かれ、手遊びや集団遊びなどをおこなう（役割演技）。これらは、音楽的な技能の向上に役立つだけでなく、スタッフ同士の連携を深めるためにたいへん有効である。

5・2・3　地域とのかかわり

とまとはNPO法人として地域と密接なかかわりを持つことを大切にしている。具体的には以下のような、地域と密に連携をとった活動を積極的におこなっている。

①**出張セッション**

とまとでは、子どもに音楽療法を体験させたいという地域の保護者からの要望に応え、各地域に直接出向いて「出張セッション」をおこなっている。その目的は、さまざまな音楽体験を通じて、子どもたちが表現する楽しさを知り、今後「音楽のある生活」を楽しめるきっかけづくりを提供することである。多くの子どもたちは音楽体験が好きである。にもかかわらず、経験が乏しいという現状がある。また、音楽教育では、ややもすると「楽器はこう叩きましょう」というように、「教え込まれる」ことが多い。その意味で、まずは子どもたちをそのまま受け入れ、そこから子どもととももに音楽を作り上げる「音楽療法」の精神は、たった一度のセッションでも、多くの子どもたちや保護者に感動を与えることが可能となってくるのである。

これまで、出張セッションの依頼者は、主に県内各地の障害児サークルや親の会、保健所などであった。そして、出張セッション体験後には、多くの保護者から「子どもの新たな一面を発見する機会になった。かかわり方の参考にしたい。もっとたくさんの体験をさせてあげたい。引き続き音楽療法に参加させたい」などの感想をもらっている。

また、出張セッションには、とまとのスタッフの他、各地域のボランティアにも参加してもらい、ともにセッションを作り上げていくようにしている。地域のボランティアにとっては、専門的な音楽療法を実践的に知るきっかけとなり、その後とまとの活動にも参加するなどして勉強を重ねながら、やがて力をつけ、地元に還元することも考えられる。

なお、後に二つの出張セッション例を紹介したい。

②その他

障害者入所施設などから定期的（週一回）に音楽療法をおこなってほしいという要望を受け、それに対し、スタッフ二人から三人を派遣（人材派遣）して有料でセッションをおこなっている。その他、他のサークル（親の会）や発達支援サークルとの連携（情報交換）をおこなう。

また、NPO法人として、自治体との連携も積極的にとることが大切である。とまとでは、講演会などの共催、保健所などの公的機関から音楽療法セッションをしてほしいという依頼があり、それを受けて各地でセッションをおこなう、など具体的な連携をとっている。以下に出張セッションの様子を紹介したい。

［1］養護学校生徒と卒業生への出張セッション

Ｂ市の障害者サークル（養護学校の在校生と卒業生のサークル）からの依頼で出張セッションを実施。当日は地域の公民館の音楽室を使用。

［対象児］

養護学校の卒業生六人（通所施設など）と、高等部在籍の二人の計八人で一セッション。障害は知的障害や自閉症、ダウン症。

［スタッフ］

音楽療法士、保健師、ホームヘルパー、主婦、学生など八人。

［プログラム］

①「あいさつの歌」

②歌「大きな古時計」（ヘンリー・クレイ・ワーク作詞・作曲）、「ビリーブ」（杉本竜一作詞・作曲）、「世界中の子どもたちが」（新沢としひこ作詞、中川ひろたか作曲）

③リトミック「歩く、走る、ジャンプする」

④楽器活動「トーンチャイム」「水笛」

⑤合奏「風になりたい」（コンガ、ボンゴ、タンバリン、ハンドドラム、ギロ、クラベス、クラスターチャイム、カスタネット、マラカスなど）

⑥「さようならの歌」

［セッションの目標］

- 楽しい時間を過ごす。
- いろいろな歌や楽器を体験する。
- 思う存分表現することで、気持ちを発散させる。
- コミュニケーションや仲間意識を育てる。

［当日の様子］

セッションは最初からリラックスムードだった。というのは、このグループはいつも同じメンバーで体験活動やレクリエーションをおこなっており、みんな顔なじみで気心が知れていたのである。そんな和やかな雰囲気のなかでセッションはスタートした。あいさつが終わって、最初の歌は「大きな古時計」である。一番の歌詞を二回繰り返して歌い、「これで終わり」というところで、いきなり一人が「もう一回」とリクエストした。その意見にみんなが賛同して、歓声や拍手が上がったので、伴奏者は再び前奏から弾き始めた。すると、最後の一回はみんなで大合唱となった。ことばがない人も、それまで以上に身体を揺らして歌を満喫している様子が見られた。本当に感動的な場面だった。

そして、その日さらに盛り上がったのが、楽器活動のトーンチャイムだった。まずは、ペンタトニック音階（Gペンタトニック＝ソラシレミソ）を並べ、好きな音を一本ずつ選んでもらう。そして、みんなが穏やかにトーンチャイムを振り始めたので、ピアノ伴奏がその雰囲気に合った曲想を奏でる。すると、伴奏をよく聴きながら、徐々にみんなの思いは広がりを見せるようになり、振り方はどんどん大きくなっていった。しばらくして、一人が大きな動作で振り始めると、それを見た数人が「待っていました」とばかり同じように、あるいはそれ以上に振りだしたのである。互いに顔を見合って、まるで自分の振り方を自慢しているかのようだった。曲も後半にさしかかったときに、一人のダウン症の人が全身をくねらせるように動かし、音楽を身体全体で精いっぱい感じながら、トーンチャイムを振り始めた。みんなの真ん中に来て、見事な表現力なのである。すると、それまで大げさに振っていた人たちもその迫力に圧倒されて手を止め、その人の動きをじっと見入っている。そして、曲の終わりになって、ダウン症の人は深い睡眠から目覚めたように顔を上げ、目を見開き、大きく一回ジャンプをして、ピアノ伴奏の終わりと同時に着地したのである。それに対し、まわりは拍手喝采したのだった。

初めてのセッションにもかかわらず、一人ひとりがここまでも自由に、かつ創造的に表現できるとは、本当に驚きであった。しかも、その表現は一人にとどまらず、周囲を巻き込んで一つの渦を築き上げたのである。やはり、関係のとれた仲間ならではのセッションであると感じた。特に卒業生にとっては、社会人となり、日頃から自制心が求められる環境にいることが多いのだろう。そのせいか、日頃の自分から解放され、本当にのびのびと表現していたように思われた。出張セッションの新たな意義を見出すことができた貴重なセッションだった。

［2］肢体不自由の幼児への出張セッション

C市の保健所が主催して出張セッションを実施。当日は保健所のプレイルームを使用。

［対象児］

二歳から六歳の肢体不自由児十人（五人ずつの二セッションを実施）。

［スタッフ］
音楽療法士、保育士、学生など六人。
［プログラム］
①「あいさつの歌」
②歌「お花がわらった」（保富康午作詞、湯山昭作曲）、「ぞうさん」（まどみちお作詞、團伊玖磨作曲）、「大きな栗の木の下で」（作詞者不詳、イギリス民謡）
③リトミック「歩く、走る、ジャンプする」
④身体接触遊び「ゆーらゆーら」
⑤楽器活動「鈴」「ツリーチャイム」「ハンドドラム」
⑥「さようならの歌」
［セッションの目標］
●楽しい時間を過ごす。
●いろいろな歌や楽器を体験する。
●いろいろな感覚を受け入れる。
［当日の様子］
肢体不自由の子どもたちのセッションということで、まずは車イスから降りて床の上に敷いたマットに寝転んでもらった。保健所の職員が見守るなか、セッションはスタート。子どもには保護者が同伴し、そのすぐ隣にはセラピストやアシスタントがついた。つまり、二対一（保護者とセラピスト

対子ども）というかたちである。歌が始まると、セラピストが一人ひとりに近づいて歌いかけ、その穏やかな口調に、子どもたちは明らかにそれまでとは少し違う様子を見せてくれた。例えば、セラピストの声の方に目を向けたり、目を閉じながらも聴き入っている様子が見られたのである。セラピストが声の調子を変えると、それまでとは違った姿勢をとるので、歌をよく聴いていることが伝わってきた。声や歌は、子どもたちにとって相手を意識するための有効な手段なのだろう。

セッションも中盤に入り、そこで子どもたちが最も驚き多様な表現をおこなったのが、楽器活動のツリーチャイムの場面であった。セラピストが袋からツリーチャイムを取り出すときから、子どもたちはその不思議な金属音に驚き、身体の動きを止めて全身で音を感じる様子が見られたのである。しばらくの間、その音を聴いた後、三人のセラピストがそれぞれツリーチャイムを持って子どもたちに近づいていった。一歩近づくごとに音が大きく迫ってくる感じがして、子どもたちはそのつど大きく驚いている。みんなすっかり動きを止めてツリーチャイムの音に聴き入った。途中で音がやんで静寂の時間になると、ホッとしたように子どもたちは姿勢を変えた。まるで、それまでの緊張をほぐしているかのようである。

次に、セラピストが子どもの様子を見ながら、何人かの子の手足にツリーチャイムを触れさせてみた。すると、すぐに手を引っ込めた子もいれば、最後まで動かずにその感触を受け入れている子もいた。いずれにせよ、ツリーチャイムはその材質から音や感触の刺激がとても強い楽器であるため、子どもにアプローチをおこなう際は極力慎重になる必要がある。急に身体に触れさせたり、突然大きな音を出すことは禁物なのである。

このように、肢体不自由の子どもたちにとって、見る、聴く、触れるなどの感覚的な受け入れを丁寧におこなうことは、子どもの発達にとってとても重要なことである。参加した子どもたちは、いろいろな種類の音や楽器を少しずつ体感し、楽しんでいた。そのなかで、自分たちが何の音が好きで何の音が苦手か、身体のどの部分が楽器に触れても大丈夫かなど、一人ひとりの個性をわかりやすく示してくれたのである。このことは、保護者にとっても、これからの子育てに大いに参考になるだろう。

5・3 音楽療法活動の紹介

ここでは、とまとで実際におこなっている音楽療法活動について、いくつか紹介したい。

①「あいさつの歌」「さようならの歌」

セラピストが「あいさつの歌」と「さようならの歌」を一人ずつ順番に歌いかける。活動の始まりや終わりの意識を育む、自分や相手を意識する、繰り返しおこなわれることによって安心感を覚える、リラックスを感じるなど、さまざまな目的が考えられる。

②模倣遊び「頭トントントン」

イスに座っている子どもに対して、セラピストが「頭トントントン」などと歌いながら身体の各部位

（頭、ほっぺ、肩、お腹、ひざなど）を順番に触れるボディパーカッションのような活動。ピアノ伴奏は「C（頭）―Em（トントン）―F（頭）―G7（トントン）」の伴奏コードを基本とし、一人ひとりの子どもの動きに応じたアレンジ（アルペジオ、トレモロなど）をおこなう。自分の身体に気づく、動作模倣やリズムに合わせる力の獲得、コミュニケーション能力の発達、遊びの創造などを目的とする。動きの種類は以下の四種類で子どもの発達段階に応じて適切に提供する。

●身体の触れ合い：「握手」「おでこごっつんこ」「ぎったんばっこん」「ゆーらゆーら」など。

●簡単な動作：身体各部分をトントンと触れて遊ぶ。「頭トントントン」「ほっぺトントントン」「お腹トントン」「ひざトントントン」「肩トントントン」「お尻トントントン」「両手パンパンパン」など。

●イメージ的な動作：動物の仕草などをイメージ的に表現して遊ぶ。「ちょうちょうひらひら」「うさぎさんぴょんぴょん」「大工さんトントントン」「おまつりわっしょい」など。

●連続した動作：身体の数カ所に連続して触れる。あるいは左右の手で違う動きをする。「頭、肩、ひざ、肩」「ほっぺとお腹（左右非対称）」「グー、パ（左右同じ、左右違う）」など。

③フープ跳び遊び

フープを七個並べ、ピアノ伴奏のドレミファソラシドの音階に合わせて、行きは「両足ジャンプ」、帰りは「走る」という動作で一往復の活動をおこなう。自己コントロールやリズムに合わせる力の育成、情動の発散などを目的とする。

④即時反応（リトミック）

「歩く」を基本に随時「止まる」「走る」「ゆっくり歩く」「スキップ」「ジャンプ」「ハイハイ（うま）」

などの動作をおこなう。セッションルーム内をどちらかの方向に回るような動きにする。その際、ピアノ伴奏をつけ、一つひとつの動きに合わせて曲を変えていく。途中、曲の弾き方を変化させることで（速い、遅い、大きい、小さいなど）、いろいろな動きを引き出していく。情動の発散、ボディイメージ、協応動作、即時反応、集中力、自己コントロール、音楽と動きの一体化、適応力を目的とする。

⑤歌の活動

季節の歌やアニメソングなど、子どもたちが好きな歌を中心にいろいろな歌を提供する。たとえ子どもが歌わなくても、決して歌を強要することなく、セラピストの歌を聴いたり、声を出しながら一緒に身体を揺らすなど、さまざまな参加方法を認めていくことが大切である。歌の場面を通じて、メロディーや歌詞やリズムを感じながら好きな歌が増えたり、声を出すことで発声につながったり、みんなで一緒に歌うことで一体感を味わうなどの目的が考えられる。

⑥楽器活動

手で叩く楽器（コンガ、ボンゴ、ジャンベなど）、バチで叩く楽器（太鼓、シンバル、スリットドラムなど）、手ではじく、手をすべらす、こする楽器（ツリーチャイム、カリンバ、オートハープ、Qコード、カバサなど）、振る楽器（マラカス、ミュージックベル、トーンチャイムなど）、吹く楽器（ハーモニカ、スライドホイッスル、擬音笛など）など、いろいろな種類の楽器を思う存分体験することによって、手の操作性の高まり、興味の拡大、感覚のスムーズな受け入れ、情動の発散、音階への意識、呼吸の調整、発語の促進などを目的とする。

Qコード●コードボタンとタッチプレート（センサー）がついている「デジタルギター」のような電子楽器。たくさんのコードボタンは、1つひとつを押さえるとマイナー、メジャー、セブンスなどの各コードに設定でき、リズム演奏もできる。同時にタッチプレートを触わることにより、単音またはつまびきができる。

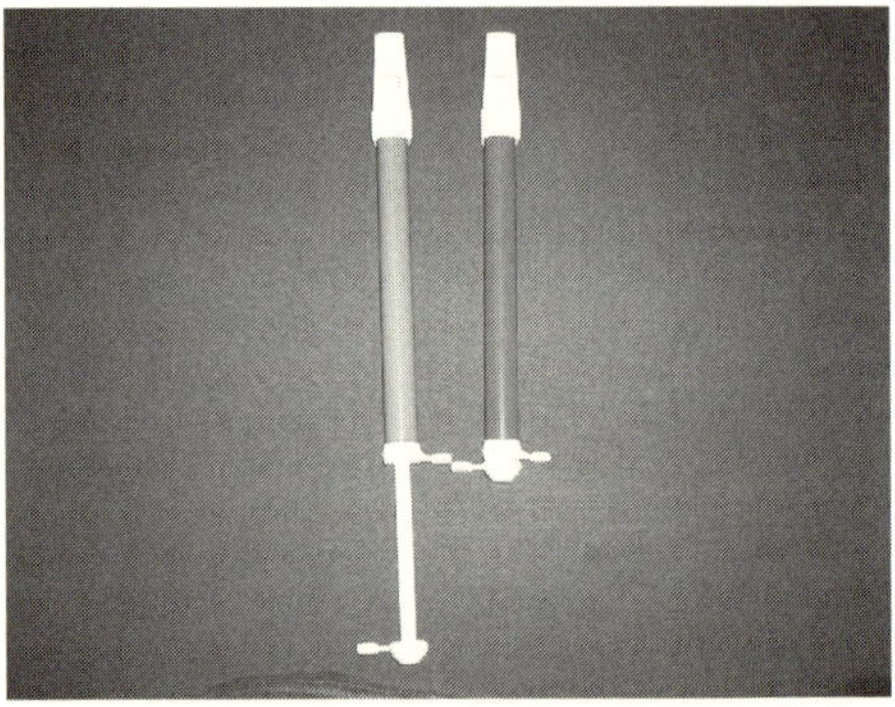

スライドホイッスル●プラスチック製の笛の一種。長細い円筒形で先に棒がついており、それを伸び縮みさせることで高い音から低い音へ、低い音から高い音へ段階なしに音を出すことができる。音を上下にすべらせて（グリッサンド）演奏することも可能である。

⑦楽器屋さんごっこ

テーブルの上に各種楽器を並べ、そのなかから好きな楽器を選択する。合奏では「小さな世界」（リチャード・M・シェルマン／ロバート・B・シェルマン作詞・作曲）「アンパンマンのマーチ」（やなせたかし作詞、三木たかし作曲）「ミッキーマウス・マーチ」（ジミー・ドッド作詞・作曲）など子どもが好きな曲を選択し、演奏する。要求表現、相手とのやりとり、楽器への興味・選択、順番を待つ、聴いて運動をコントロールする力の育成などを目的とする。

⑧合奏「風になりたい」

ラテン系の楽器を選び、「風になりたい」の伴奏に合わせて自由に演奏をおこなう。楽器は、マラカス、ボンゴ、コンガ、ジャンベ、ビブラスラップ、クラベス、アゴゴベル、タンバリン、ギロ、トライアングル、鈴、カバサなど。いろいろな楽器への興味を育てて、テンポ・リズムへの意識の向上、曲想に合わせて表現する力、情動の発散、一体感などを育てることを目的とする。

5・4 音楽療法のケーススタディ

5・4・1 音楽療法セッションの場面

ここではAくん（自閉症）とCさん（ダウン症）の二人の子どものセッションの様子について紹介したい。Aくん、Cさんは約八カ月間にわたり、小集団（五人）に属し、音楽療法活動に月二回（一回五十分）参加した。治療スタッフは、メインセラピスト一人、伴奏者一人、子どもにつくアシスタント四人の計六人。音楽療法専用ルームで、子どもたちはメインセラピストを囲むように半円形になり、イスに座って参加した。プログラム例は以下のとおりである。

①「あいさつの歌」
②歌（季節の歌、アニメソング、パネルシアター、絵カード、手遊び歌）
③身体接触遊び「ゆーらゆーら」、動作模倣「頭トントントン」
④リトミック「歩く、走る、ジャンプする」
⑤楽器活動（各種楽器）
⑥合奏（ラテン系の楽器など）
⑦「さようならの歌」
※各活動の順番は、当日の子どもの様子（落ち着きがない、気持ちが沈みがちである、など）によって臨機応変に変更している。

5・4・2　自閉症のAくんの音楽療法活動

［1］自閉症のAくんの様子

Aくんは七歳の男の子で、公立小学校の特別支援学級一年に在籍している。

［障害名］
自閉症、知的障害

［ふだんの様子］
大人と目を合わさないようであるが、実はときどきチラッと見ていることが多い。天気予報が好

きで、よく「南南西の風」とか「南西諸島」などと独り言をつぶやいている。電車の駅名を順に唱えていくことが好きである（聴覚記憶が優れている）。このように、自分が気に入っていることにはとことん打ち込むことができる。その反面、スケジュールを変更するとパニックを起こすなど、新しいことを受け入れるのに時間がかかったり拒否の態度を示したりする。ことばは、相手のことばを同じように繰り返す（オウム返し）ことが多い。集団場面では、みんなと離れて自分の好きなように過ごす。興味があることには積極的に取り組もうとする。絵や文字などのマーク（視覚的なもの）への興味・関心が高い。

［音楽療法セッションでの様子（開始当初）］

セッションでは、活動の最中に絶えずふらふらと身体を動かしている。友だちのことにはあまり関心を示さず、マイペースなことが多い。歌は自分の気に入った一部のフレーズを積極的に歌う様子が見られる。ただし、興味がない歌には全く関心を示さない。ダンスの場面などで、急に身体に触れられることをいやがる。いろいろな楽器に興味を持ち、一つの楽器に少し触れては他の楽器に移るという落ち着きのなさが見られる。楽器の演奏では、自分のペースで叩いたり止めたりするが、みんなと一緒に同じテンポで演奏することは難しい。

［Aくんの音楽療法の目標］

- 人への関心を高める。
- 相手とのやりとりを増やす。

［2］自閉症のAくんに対する音楽療法での配慮事項

①すぐに活動に飽きてしまうことへの配慮点

Aくんは、セッションの開始当初は、すぐに席を立ってあちこちを歩いたり、座っていても姿勢がグニャッと崩れてしまう様子が見られた。コマーシャルソングや学校で習った歌など、自分の興味がある活動（歌の場面など）には喜んで参加するものの、長い時間集中することは難しかった。どの活動でも集中力が短く、すぐに活動に飽きてしまうのである。

そのため、Aくんが落ち着いてセッションに参加できるよう、活動の最中に「短い休み時間」を設けることにした。元来「休み時間」は活動と活動の合間に入れるものだが、Aくんの場合は活動をおこなっている最中にもあえて「短い休み時間」を設けることにした。

例えば、以下のような流れをつくったのである。

「一つ目の活動がスタートする」→「活動に参加する」→「途中、短い休み時間を設ける（一回目）」→「再びAくんが活動に参加する」→「短い休み時間を設ける（二回目）」→「再びAくんが活動に参加する」→「活動が終了する」→「休み時間（活動と活動の合間の長い休み時間）」→「二つ目の活動がスタートする」……。

Aくんの「短い休み時間」の過ごし方は、さまざまであった。例えば、席を離れて部屋のなかを歩く、セラピストと両手をつないで一緒にジャンプをする、窓のところでセラピストと一緒に外を眺める、などであった。このように「短い休み時間」は、Aくんが好きな過ごし方を存分に取り入れる内容とした。また、「短い休み時間」を過ごし、Aくんが活動に戻れそうなときには、さりげなく活動場面に戻すようにした。まだ戻ることが難しいときには、無理に戻そうとせず時間をかけて参加を促すというように、Aくんの意思を尊重するような配慮をおこなった。

②身体への受け入れが苦手なことへの配慮点

Aくんは、むやみに身体に触れられることを嫌ったため、そのための配慮事項として、身体へのアプローチを丁寧におこなうことにした。具体的には、まずは身体に触れる前に、Aくんとの距離を少しずつ狭めることを目標においた。例えば、楽器を一緒に演奏するときやリトミックで一緒に歩くときに、いろいろな距離で接して、徐々に近づくようにしていった。ただし、いつも近くにいることはAくんにとって気持ちの負担になるだろうから、少し近づいて、しばらくしたら離れるというように、Aくんのパーソナル・スペース（個人空間）への配慮を最大限おこなうことにした。

また、距離だけでなく、相手との向き合い方も大切な配慮点となってくる。正面から近づくのと、真横や背後から近づくのでは、Aくんの相手への印象も大きく変わってくるだろう。そのため、威圧感の大きい正面をできるだけ避け、斜め前から少しずつ近づいていくようにした。つまり、Aくんが相手を受け入れてくれる方向を読み取りながら、距離を縮めていったのである。そして、実際にAくんの身体に触れる際は、最初にこちらから手を出してAくんから握ってもらうなど、Aくんの意思を最大限に尊重することにした。他にも、Aくんの場合、真横に並んで手の甲と甲をくっつけることは比較的スムーズに受け入れてくれたので、このようなAくんにとって心地よいかかわり方を関係づくりのきっかけにしていくことにした。

以上二点の配慮事項によって、Aくんは音楽療法活動で相手をスムーズに受け入れられるようになると考えた。音楽療法は音楽の力を使って、相手といろいろなやりとりをおこなうわけだが、音楽以外にも右記のような細かい配慮をおこなっていくことが大切になってくる。その意味では、音楽療法士は音楽を自由に操るプロであり、かつ対象者のプロ（ここでは子どもの専門家）でなければならないのだろう。

［3］Aくんの身体活動・模倣活動の様子

①少しずつ自分の身体を意識するようになったAくん

模倣遊びは、毎回ほぼ同じ内容でおこなった結果、自分の気に入った動き（糸巻きの動作など）のときには音楽に合わせて身体を揺らしたり、テンポやリズムを合わせてリズミカルに動作をおこなおうとする様子が見られた。また、セラピストの動きを見て、身体のあちこち（頭、肩、お腹、ひざなど）に触れる動作も見られるようになった。Aくんは、いままで自分の身体をあまり意識していなかったが、相手が身体に触っている個所をちらちら見ながら、だんだんと自分の身体への興味につながっていったようだ。

②セラピストがAくんの動きを模倣することで相手と一体感を感じるようになったAくん

模倣場面では、Aくんがセラピストの真似をするだけではなく、セラピストがAくんの動きを模倣するという場面も設けていった。Aくんは自分が模倣されたことにすぐに気づき、相手と同じ動きをしていることの楽しさや一体感を味わったのである。その後、少しずつではあるが、自分も相手と同じ動きをしたいという気持ちが芽生えていった。Aくんは、セラピストと全く同じ個所を触れているわけでないが、身体のどこかに触れているという点でセラピストと一体感を持てるようになったのだろう。このように、模倣活動を通じてAくんは人への意識が高まり、自分の身体のイメージ（ボディイメージ）が育ってくるなど、人との関係性で大きな成長を遂げていったのである。

もともとAくんのような自閉症の子は、人をあまりよく見ないため、あたかも相手に興味がないように思われがちである。しかし実際には、この「ちらちら見る」という行為のなかに人への興味が集約されているのである。セラピストはその気持ちを十分に汲み取り、セッションに臨む必要があるだろう。Aくんの気持ちを読み取って、相手とスムーズにかかわれるよう何らかの「手伝い」をしていくことが大切になってくるのである。やがてAくんは、模倣活動以外の場面でも、セラピストや友達の動きをよく見て真似るようになった。音楽療法で培った力が他の場面にも広がってきた証しといえるだろう。

③リトミックで思う存分気持ちを発散したAくん

リトミックなどの身体を発散的に動かす活動では、Aくんは最初の時間帯の「歩く」でも思い切り走ってしまうなど、とにかく身体を動かしたいという気持ちが伝わってきた。Aくんのように動きが多い子どもにとっては、持っているエネルギーを発散するという意味で必要不可欠な時間帯といえるだろう。発散した後は、徐々に自分の動きを音楽に合わせてコントロールできるようになってきた。そのときを見計らって、徐々に「歩く」「止まる」など、動きの少ない活動を提供していった。するとAくんは落ち着いた様子で、それまでよりもさらにゆっくりとした動きを自然におこなうようになったのである。このように、リトミック場面で落ち着いたことによってAくんはそれに続く「歌唱活動」「楽器活動」でも気持ちを安定させて参加できるようになったのである。

［4］Aくんの歌唱活動の様子

①少しずつ新しい歌に興味を持ち始めたAくん

Aくんには好きな歌がいくつかあり（「世界中の子どもたちが」「ハグしちゃお」「ABCのうた」〔作詞者不詳、フランス民謡〕など）、それらを歌うときはいつも身体を左右に大きく揺らしたり、ときどき大きな声を出して歌うなど、楽しそうに表現していた。そのためセッションでは、これらのAくんが気に入っている歌を積極的に取り入れることにした。まずはその曲を歌って十分に満足感を味わってから、新しい曲も少しずつ増やしていった。曲に限らず、Aくんは新しいものを受け入れることが苦手である。そのため、新しい曲を聴いたときはやはり戸惑いを見せていた。しかし、何度か聴いているうちに、聴覚記憶のいいAくんは、新しい曲のメロディーと歌詞にも興味を示すようになり、短期間で覚えてしまった。やがて、セッション後に家に帰ってからもその曲を口ずさむようになった。このように、Aくんのなかで好きな歌はどんどん広がりを見せていったのである。

②「見る」活動によって、落ち着いて活動に参加できるようになったAくん

セッションでは、歌は聴くだけではなく「見る」ということも大きな意味を持ってくる。例えば、歌いながら「絵描き歌」や「ペープサート」「パネルシアター」などの絵を見て楽しむことは、「見る」（視覚的）ことへの興味が強いAくんにとっては、とても強く惹かれる活動だろう。そこで、実際に歌の場面で絵を取り入れてみると、食い入るように見ていた。例えば、歌詞に沿って絵カードを順に貼っていくと、何もないときよりも積極的に歌唱活動に参加したのである。Aくんは、聴く活動と見る活動を結びつけて歌を楽しんでいたのである。このような「視覚的な手がかり」によって

Aくんは音楽活動への集中力を高め、活動中に動き回る時間が減るなど、大きな変容を見せてくれたのである。

その後、「見る」ことはさらに発展して、歌っているセラピストの顔（表情の変化）や口元（動き）を見たり、ピアノ伴奏者の指の動きに興味を持ったり、自分も鍵盤に手を並べて動きを真似するなど、「見ながら」活動を楽しんだのである。また、「この歌を弾いてほしい」と曲の絵カードを指さして要求したり、完成した絵描き歌の絵を見ながら、「もっと絵を描いてほしい」と求めるなど、いろいろな場面で要求表現が見られた。まさに、コミュニケーション活動が実践されたわけである。

※ペープサート：paper puppet theater（ペーパーパペットシアター）を詰めて名づけた造語。

二枚の画用紙に登場人物（人形や動物など）を描き、絵の周りをウチワ型に切り抜き、二枚の紙の中心に竹串や割り箸などの木の棒をはさんで貼り合わせ、表裏表裏とクルクル返して演じる「ウチワ式平面人形劇」。

※パネルシアター：布を貼った板（パネルボード）に、専用の紙（不織布）で作った人形や絵を、歌や物語に合わせて貼ったり剝がしたりするお芝居のようなもの。

［5］Aくんの楽器活動の様子

①楽器の振動の心地よさを身体で感じるようになったAくん

前述の「短い休み時間」が減少していったころから、Aくんはイスにしっかりと安定して座れるようになった。それにより、Aくんは、長時間楽器を演奏することが可能になった。また、歌唱活動で培われた「見る力」により、だんだんと手元をよく見ながら楽器を演奏するようになった。そ

ハンドドラム●丸い木枠の片面に革を貼ったタンバリンに似た楽器。何種類かの大きさがある。手で叩くと鼓面が震えて「パンッ」という音がする。「叩く」だけでなく、「はじく」「こする」など操作の違いによって、いろいろな音を響かせることができる。

の結果、楽器の操作もじょうずになっていった。さらに、Aくんは楽器活動でいろいろな素材の楽器（木製、金属製、布製など）に触れながら、徐々に身体への受け入れがよくなってきた。それは、打楽器の振動が身体に入ったときに「心地よい」と感じることへとつながっていった。

例えば、ハンドドラムが出てくると、最初にセラピストが叩く様子をじっと見る。その後、ドラムの表面に手を置き、セラピストに叩いてもらいながら「ドンドン」という振動を感じる。そのとき、Aくんは振動がより感じやすくなるように、自分の身体の動きを止めて目を閉じるなど、自分なりに工夫をしている様子が見られた。以前なら、どの楽器にも少し触れてはすぐに席を立ち歩き回っていたAくんだが、本当に大きな変化である。

②楽器を通じて、人とのやりとりをおこなうようになったAくん

Aくんの楽器活動は、やがて楽器を通じた相手とのやりとりへと発展していった。打楽器をセラピストが叩くと、その楽器の振動を十分に感じ、次にAくんの方からドラムを叩き始める、というやりとりが始まったのである。そして、それは以下のような交互のやりとりへと発展していった。

「Aくんが叩く」→「Aくんが叩くのをやめる」→「セラピストが叩く」→「セラピストが叩くのをやめる」→「再びAくんが叩く」

このように、二人が順番におこなうやりとりはターン・テイキングと呼ばれ、子どものコミュニケーションの発達にとって大きな意味を持つとされている。このやりとりがしばらく続いた後、Aくんはそれまでのように、ただむやみにドラムを叩くのではなく、気持ちを落ち着けて、安定したテンポやリズムで叩くようになった。身体への受け入れ（振動）がよくなり、ターン・テイキングを体験して気持ちが安定したことで、Aくんは自分の体内に安定したリズムを確立することができたのである。

③ピアノ伴奏に合わせて演奏するようになったAくん

安定したリズムが確立してきたころから、Aくんのテンポと同じ速さでピアノ伴奏を弾くと、Aくんは自分が叩いている音とピアノ伴奏の速さが合っていることを意識するようになった。しかも、そのときのAくんはとても楽しそうなのである。このような「一体感」を味わいながら、Aくんは人と合わせることが「心地よいのだ」と気づいていったようである。そして、演奏はさらに続き、最終的にはピアノ伴奏の速さ（速い、遅い）や曲調（激しく、なめらかに、音を少なめに）を変化させても、それに合わせてピアノ伴奏と一体になって音楽表現をおこなうようになった。最初のころのようにマイペースにではなく、相手を意識しながらの演奏が確立していったといえるだろう。

④さらに豊かに楽器演奏をおこなうようになったAくん

相手と一緒に演奏を楽しめるようになってから、Aくんはリズム楽器だけではなく、音階楽器に

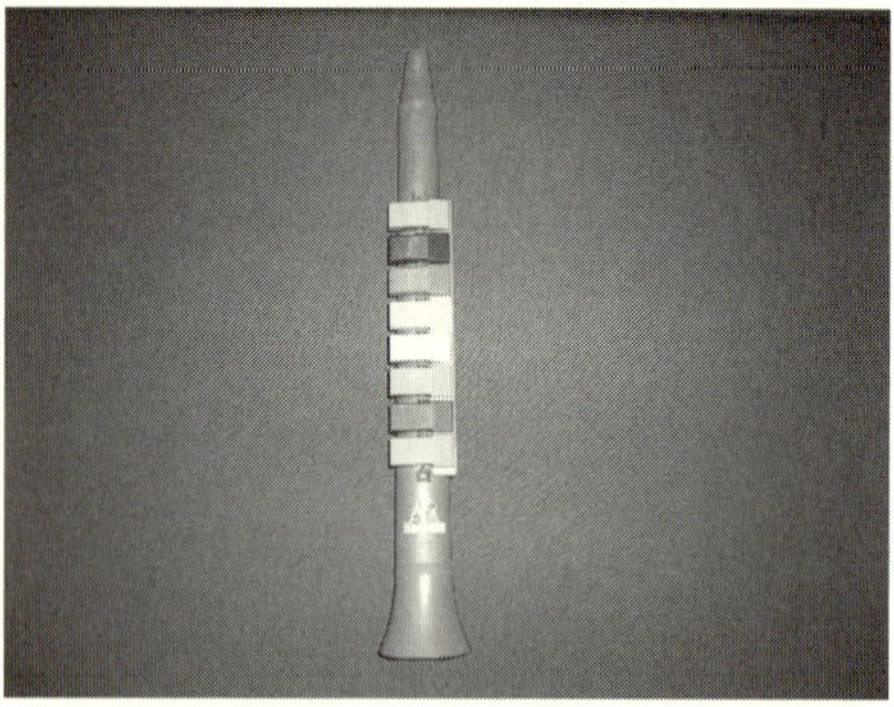

キンダークラリーナ●プラスチック製の赤色のクラリーナ。音階（Gコード）があり、押さえる部分には「ド・レ・ミ・ファ・ソ・ラ・シ・ド」の順に緑、茶、オレンジ、黄、灰、青、紫、緑（高音）の色がついている。単音でメロディを奏でることも、複数の音を押さえて、ハーモニーを作ることもできる。

も興味を示すようになった。キンダークラリーナ（吹く楽器）では、鍵盤の色と同じ色音符を見ながら、指で鍵盤を順番に押しながら「ドレミファソラシド」を吹くようになった。また、メロディーの位置を記憶して『キラキラ星』をゆっくりと演奏するなど、音楽表現はさらに広がっていった。

　みんなでいろいろな楽器を奏でる合奏では、コンガのリズム打ちを選択した。伴奏者が「風になりたい」の曲を弾き始めると、Aくんはテンポに合わせてコンガを叩き、まずは一体感や安定感を楽しんだ。しかし、叩き方は曲の盛り上がりとともに激しくなり、曲がまさに佳境に入ったときに、叩くだけではなく身体表現も大きくなり、まるで踊っているかのような表現を見せたのである。そこからは、曲と一体化し、まわりの人たちと気持ちが一つになり、思う存分音楽を楽しんでいるAくんの様子が伝わってきた。やがて曲が終わりに近づくと、そのことを十分に意識して、クールダウンをするように音を徐々に小さくしていった。そして、曲の終わりと同時に叩くのをやめ、しばらく沈黙の時間を味わったのである。

　このように、曲の最初と盛り上がり、そして終わりを意識することで、Aくんは音楽と一体化することができたのである。以前は人を意識していても、なかなか自分から相手に向かって表現することがなかったＡくんが、みんなと一緒に表現をおこなったという事実は、Ａくんが集団場面でも十分に活躍できることを証明してくれたのである。合奏の時間が終わると、Ａくんは後片付けにも積極的に取り組んでくれた。そのときの表情は、何かをやり遂げたという満足感に満ち溢れた様子であった。

［6］まとめ――相手と音楽的なやりとりをするようになったＡくん

Ａくんはさまざまな音楽活動のなかで人とやりとりするためのスキルを学び、その楽しさを味わうことができた。どちらかといえば自分の世界にこもりがちで、何をするにもマイペースが強かったＡくんが、いろいろな音楽活動を通して、相手を意識し、相手のペースに合わせたり、全体の雰囲気やペースを感じ取って、それに合わせようとすることができるようになったのである。

音楽療法では、このように相手に「合わせる」という状況がとてもつくりやすい。そのためには、まずはセラピストや伴奏者が子どものペースに合わせることが求められる。Ａくんの場合も、セラピストがＡくんの動作を模倣したり、Ａくんが叩く楽器演奏（音やテンポ）にピアノ伴奏を合わせたりした。多くの場面で一体感の心地よさを味わったＡくんは、それまでの孤立した自分から、相手と一緒に何かをする自分へと変容していったのである。その際、音楽活動の、幅広く豊かな内容が助けになったことはいうまでもない。

Ａくんの音楽療法の目標だった、「人への関心が高まる」「相手とのやりとり場面が増える」は少なからず達成できたといえるだろう。

5・4・3　ダウン症のCさんの音楽療法活動

[1] ダウン症のCさんの様子

Cさんは六歳の女の子で、公立の就学前通園施設に在籍している。

[障害名]

ダウン症。一歳のときに心臓の動脈開存手術をおこなうが、その後順調に回復する。

[ふだんの様子]

人なつっこく、くすぐりあいっこや追いかけっこをして身体にタッチをするなど、思う存分身体を使った遊びを好む。身体は関節が柔らかくグニャグニャした感じで、長時間同じ姿勢を保っていることが難しい。ことばで自分の気持ちを伝えようとするが、発音が不明瞭で聞き取りにくい。ことばがけを正確に聞き取れないことが多い（似ていることばの聞き分けが難しい）。大人がおどけた表情をすると、面白がってにらめっこのようなやりとりをするなど、コミュニケーションがとりやすい。その場の雰囲気を感じ取って、相手に応じることができる。しかし、自分がしていることと違うことを提案され、それに納得できないと、座り込んでふくれっつらをするなど、反抗的な様子が見られる。

[音楽療法セッションでの様子（開始当初）]

動作の模倣をすることは難しいものの、まわりの動きをとてもよく見ている。「絵描き歌」などの視覚的なヒントがあると、活動への集中力はグーンと増す。楽器活動では、音楽に合わせて太鼓を叩くなど、簡単な操作ならおこなうことができる。しかし、途中から自分のペースで叩いてしまい、音楽とずれてしまう。バチでシンバルを叩く活動では、とても強い力で叩き、まわりの子が耳をふさいでもしばらく叩き続ける様子が見られる。音楽に合わせて歩いたり走ったりするリトミック活動では、そのときの気分に左右されることが多く、床に座り込んでしばらく起きなかったり、起こしてほしいと手を差し出したり、関係のない場所に行って（窓やドアのところ）しばらく時間を過ごすなどの様子が見られる。

［Cさんの音楽療法の目標］

● 集中して音や音楽を聴く場面が増える。

● コミュニケーションの機会が増え、自己表現力が豊かになる。

［2］ダウン症のCさんに対する音楽療法での配慮事項

①セッションにあまり参加していないように見えるCさんへの配慮点

セッション開始当初のCさんは、在室していた母親の存在を強く意識して、始終後方を振り向くなど活動になかなか集中できなかった。そのため、母親には一時的にCさんが座っているイスのすぐ後ろについてもらい、しばらくは一緒に参加してもらった。動作模倣遊びでは、セラピストやアシスタントの動きをよく見ているが、自分自身は動作をおこなわない状態が続く。しかし、セッションが終わり、帰るときにその日におこなった動作（頭、肩、お腹などに触れる）を順におこなう様子が見られた。保護者は「どうしてセッションでは模倣をおこなわないのかしら」と心配している様子だった。

そこで、保護者に対し、「相手を見る」ことの大切さを説明し、この活動を継続しておこなうことへの理解を求めた。この時期は焦ることなく、とことん模倣が出るのを待つことにしたのである。

②姿勢の保持のための配慮点

リトミック活動では、歩いてもすぐに座り込むことが多かったため、Cさんの好きな音楽をたくさん取り入れながら「歩く」時間が少しでも増えることを目標にした。また、「おんまはみんな」のメロディーに合わせてハイハイをする動きなど、日頃おこなわない動作（非日常的動作）を取り入れることで背筋や腹筋の力を養い、イスに座っている時間を増やすことを目指した。

③人との関係をスムーズにするための配慮点

Cさんは、基本的に人とのやりとりが好きである。そのため、いろいろな場面を通じてコミュニケーションをとる機会を増やしていくことにした。その際、少しのトラブルでCさんの気持ちが大きく揺さぶられる様子が見られた。そこで、Cさんの要求をすべて受け入れるのではなく、調子がいいときを見計らって、Cさんが意図することとは違うことを提案するようにした。つまり、Cさんが場面に柔軟に対応できるよう、かけひき（交渉）をおこなうわけである。交渉はいつもうまくいくとは限らない。とにかく、粘り強くおこなうことで、Cさん自身に「思うようにいかなくても、すぐにすねたり怒ったりしない」「相手とやりとりするなかで何かが達成できる」ことを理解してもらいたいと考えた。

④苦手な聴き分ける活動への配慮点

Cさんが苦手としている「聴き分ける」については、音楽活動全般を通して、楽器の音を丁寧に聴かせたり、楽器を隠して音を出して何の楽器かあててもらうなど、音を集中して聴く場面を随所につくっていくことにした。「聴く力」が育てば、集中力が身につき、また自分が発することばも徐々に正確になってくるものと考えた。

以上のような配慮事項をセッションに取り入れていくことで、Cさんの得意な分野（コミュニケーションの力、人とのやりとり、見分ける力など）がますます伸び、それに伴ってやや苦手な部分（姿勢の保持、聴き分ける力、発語、気持ちの切り替えなど）も徐々に改善されていくと考えた。Cさんの場合、対人関係がスムーズにとれるということが大きな強みとなっている。場の雰囲気をすぐに感じ取り、その場に応じた行動を臨機応変にとることができるので（コミュニケーション能力）、その部分を大切にしながら、幅広い力が育っていくことを目指したのである。

［3］Cさんの歌唱活動の様子

①セラピストの口元を見ながら歌うようになったCさん

セッション開始当初から、Cさんは歌の場面が大好きで、セラピストが歌う様子をじっと見たり聴いたりしていた。動作模倣のときと同じで、歌に対しても動きを止めて受け入れている様子が伝わってきた。そのため、セラピストはCさんが好きな歌を保護者から聞き取り、アニメソングや通園施設で歌っている曲を中心に歌っていった。また、歌っている最中はCさんに近づいて、セラピストの口の動きをよく見てもらうことにした。そのため、口の動きはできるだけ大げさに表現するようにした。Cさんは、自分では口を動かさないものの、セラピストの口をじっと見ていた。そして、動作模倣の場面で口をパッパと動かし始めたころから、歌の場面でもセラピストの口の動きを真似するようになった。まだ声は出ていないが、「おーはなーがーわーらったー」の歌詞では、音を一つずつ口の形で真似ていったのである。Cさんは、同じ動きをしていることで、目の前の相手と一体感を味わったり、コミュニケーションをとったりしていたのである。

②歌の場面でセラピスト役を演じるようになったCさん

見る活動を発展させ、次に歌をストーリー化して、紙芝居のように絵カードを順番に貼っていくようにした。すると、Cさんはその活動に強い興味を示した。そこで「絵カード係」としてときどき貼るのを手伝ってもらったところ、Cさんはストーリーの流れをよく理解し、次にどの絵が出てくるのかを覚え、セラピストの助手の役目を十分に果たしてくれた。そのときのCさんは、ただ貼るだけでなく、見ている子の様子を観察し一人ひとりによく見せてから貼るなど、さながらセラピスト役を演じながら貼ってくれたのである。一枚貼るたびに見ている人の顔を見て、「わかった？」というような表情をしていた。このように、Cさんはセラピスト役を演じながら他児とコミュニケーションをおこなったのである。

［4］Cさんの身体活動・模倣活動の様子

①じっくりと見る期間を設けた後、模倣が出始めたCさん

前述のとおり、Cさんはセラピストの動作をじっと見ているものの、最初のころは模倣をする様子は全く見られなかった。それでも、しばらくすると、セッションが終わったときや家に帰ってから少しずつ真似をするようになってきた。

そのような期間が半年ほど続いて、さらにセラピストの動きを見る割合が増えたころ、突然「糸まきまき」（両手を目の前でくるくる回す動作）をいとも簡単にやってのけたのである。それは、こちらが予想もしていなかったことであり、あまりに簡単に手を回し始めたので、しばらくの間、周囲のみんなは動くのを忘れてCさんに見入ったほどである。そして、次に出現した動作が「お口パッパ」（口を開けたり閉じたりする動作）であった。これにも周囲は大いに驚かされた。なぜなら、Cさんは「お口パッパ」の動作をおこないながら、笑ったり、やっていない子にやるように促したりしたのである。Cさんの模倣が出るまで「待つ」と決めてからかなりの月日が経っていたわけだが、やはりCさんがじっと見入っていたことは無駄ではなかったのである。このように、動作模倣が出始めると、後方の母親を確認する回数も徐々に減ってきて、動作模倣の種類も着実に増えていった（「ひこうき」「うさぎ」「頭肩ひざ肩」など）。

②リトミック活動で思う存分運動量を確保したCさん

リトミックでは、みんなと一緒に「走る」場面が増え、それに伴って「歩く」「うま」「ジャンプ」などに参加する度合いも増えていった。その結果、運動量はどんどん増えていった。特に「うま」では、最初はセラピストの背中に乗って、振動や揺れを楽しんでいたが、徐々に自分で動きをおこなうようになり、セラピストと並走してまるで親子のうまを演じているかのように、同じ速さで歩く様子が見られた。他児の様子もよく見ていて、ちょっと一休みしている友だちに近づいては様子をうかがい、一緒に動きだす様子も見られた。セラピストや他児とのやりとりのなかで、Cさんは確実に運動量を増やしていったのである。

そのころからイスに座っている時間も徐々に増え、やがてセッションが始まって八カ月経ったころには姿勢が崩れることはほとんど見られなくなった。

［5］Cさんの楽器活動の様子

①楽器をじっくりと見るようになり、徐々に行動調整ができるようになったCさん

最初のころ、Cさんは気に入った楽器があるとすぐに近づいて、強く速く、叩いたり振ったりするなど、とにかく音を出そうとする様子が見られた。そのときセラピストはしばらくの間様子を見ていたが、Cさんは自分が出している音に気持ちが入り込んでしまい、音がどんどん乱暴になってしまったのである。そうなると、まわりには大きな音が苦手な子もいるので、セラピストとしては心中穏やかではない。とにかく制止して、終わらせるようにした。それでもやめないときには、大きな音は興奮を誘うと考え、シンバルのときはタオルで押さえて音を小さくするなどした。

このようなCさんに対して、いろいろ考えた末、まずは「見てもらう」場面を積極的に設けることにした。Cさんに楽器を渡す前に楽器自体をよく見てもらい、その後楽器の「小さな音」や「きれいな音色」をじっくりと聴いてもらうのである。例えば、フィンガーシンバルの場合、まずはセラピストが背後でごく小さな音を出して「何かな?」と期待を持たせる。次に、目の前に出して、時間をかけてあらゆる角度から見せる。そして、再び小さな音を数回鳴らした後、少し大きな音で二つのフィンガーシンバルをこつんとぶつけ、残響音が消えるまでじっと聴き入るのである。このように、その場の全員が、かたずをのんで見守る（聴き入る）という環境を意図的につくっていったのである。

「見せる」（楽器を提示する）から始まり「聴いてもらう」に持っていったのは、結果的にCさんの楽

器への強い興味へとつながっていった。すべての楽器活動でセラピストが音を大切にする姿勢を見せることで、Cさんはセラピストと同じように、だんだんと行動を調整しながら小さい音も出せるようになった。それは、あれだけシンバルを強く叩いていたCさんの行動にも変化をもたらし、いつの間にか、その場にふさわしい音量を意識しながら適度な音で叩くようになったのである。

②テンポやリズムに合わせることがじょうずになったCさん

行動調整ができるようになったころからCさんはピアノ伴奏をよく意識するようになり、伴奏のテンポと合わせたり簡単なリズム（タンタンタンタタ）に応じるなど、聴覚的に「合わせる」ことがじょうずになっていった。もともと人に合わせることはじょうずなCさんだったが、苦手だった「聴いて」――「合わせる」ことも少しずつ身についていった。やがてCさんは、合奏の場面でも、みんなと一緒の演奏を楽しむようになった。例えば、その場のみんなを見回しながらジャンベのリズム打ちをおこなう。その際、音量は適度で、動作はとても大きいのである。そのため、その動きを見た周囲の人は気持ちを鼓舞されたかのように一緒に踊り、叩き始めたのである。コントロールする力を身につけて、周囲の人たちを十分に意識するようになったCさんならではのコミュニケーションの場面といえるだろう。

③集中力が身につき、微妙な音を聴き分けられるようになったCさん

テンポやリズムに合わせるなど、音の調整ができるようになったころから、Cさんに対して「楽器の音あて遊び」をおこなうことにした。これは、隠したまま鳴らす数種類の楽器のなかから音を探すという遊びである。ここでは、クラベス（拍子木）とウッドブロックなど、似た音を聴き分ける必要がある。また、二種類の楽器を同時に鳴らし、その二つの楽器を探しあてるという難しい活動もおこなった。最初は戸惑いがちだったCさんも、徐々にコツをつかんできて、とにかく集中して音を聴こうとした。その結果、二つの音を同時に鳴らしても、ほぼ間違えずに楽器を選択できるようになった。集中力が身につくとともに姿勢の保持もできるようになり、正解率はどんどん上がっていったのである。正解するたびにとても誇らしげなCさんであった。

［6］まとめ——音楽場面の主役になったCさん

Cさんは、さまざまな音楽活動を通して、見たり聴いたりしながら集中力が身につき安定した気持ちでセッションに参加できるようになった。特に注目すべきは、Cさんはどのような場面でも、自分が身につけた力を自分の殻に閉じ込めず、相手とのやりとりのなかにどんどん広げていったということである。常に人を意識し、その場の人たちと活動を楽しむために、自分がどのように振る舞ったらいいかを着実に学んでいったのである。そこには、じっくりと時間をかけて動作模倣を自分のものにし、人前で表現したという自信があったことはいうまでもない。

また、Cさんはセッションで身につけた一つひとつの力をセッション以外の場面にも広げていった。例えば、シンバル叩きなどで行動調整ができるようになったCさんは、家庭や通園施設のドアを加減してほどよく開け閉めするようになった。また、歯磨き粉を出しすぎないよう、うまく指の力を調整できるようになった。このように、日常場面でも気持ちを安定させ、コントロールすることがじょうずになってきたという報告を保護者から受けている。

以上のことから、Cさんの音楽療法の目標だった「集中して音や音楽を聴く場面が増える」「コミュニケーションの機会が増え、自己表現力がさらに豊かになる」は、セラピストの思惑以上に達成されたのではないだろうか。

5・4・4　二人の事例から学んだこと

二人のケースから、私たちはたくさんのことを学ぶことができる。それは、一人ひとりの子どもを時間をかけて丁寧に見ていくことが、子ども自身を知り、音楽活動の有効性を知り、セラピストとしておこなうべきことを知ることにつながっていくのである。すなわち、ケースから学ぶことは数知れないのである。

ここでは、特に自閉症とダウン症というように、異なるタイプの障害児に対して音楽療法を実施している。その意味では、私たちは常に障害特性（自閉症、ダウン症の他にも、肢体不自由、ＡＤＨＤ、アスペルガー症候群など）に応じたねらいや支援を考える必要があると思われる。

例えば、自閉症児とかかわる場合、彼らの持つ特性（視覚認知が優位、プランを持つことが困難、注意を集中させることが困難、概念を持つことが困難で細部にこだわりやすい、言語やコミュニケーションの障害、社会性の発達の障害、イメージすることが苦手、感覚的な鋭敏さ、模倣が苦手、など）を十分に知り、そのうえで次のような配慮に基づいた援助をおこなう必要がある。

①自閉症児への援助

●楽器提示のときなど、音だけでなく視覚的に注目させる。

●活動の順序性を示し、見通しを持ちやすくする。
●環境を整えるなど、視覚刺激を整理していく。
●子どもの動きを大人が模倣したり、身体接触を図りながら、双方が動きを共有していく。
●楽器の材質を考え、徐々に触れられる楽器の種類を増やしていく。
●楽器操作では、最初本人のペースに合わせながら、徐々に相手に合わせる活動に結びつけていく。
●手つなぎなど二人組でおこなう活動を取り入れながら、対人関係を徐々に広げていく。

また、ダウン症児は、音楽場面の雰囲気を好む子どもが多く、まわりに合わせて同じ動きをする、リズム感はテンポやリズムの種類によって得意・不得意がある、微妙な音を聞き分けることが苦手、発音が不明瞭などの特性が見られ、これらに対して次のような援助が必要になってくる。

②ダウン症児への援助

●リズム感を育てるために、動作を伴う歌遊びをおこなう。
●模倣が出ていない段階では、相手の動きを見せる場面を重視する。
●「パパパ」「パ」「タ」「カ」など、発声・構音の改善に役立つ音素を取り入れた歌を随所で歌っていく。
●楽器あてクイズなど、音を聴き分ける遊びを取り入れる。

このように、それぞれの障害特性をよく知ったうえで個々の子どもに合った支援をおこなうことが、一人ひとりを大切にすることにつながってくるのである。

参考文献

宇佐川浩『障害児の発達臨床とその課題——感覚と運動の高次化の視点から』(「淑徳大学社会学部研究叢書」7)、学苑社、一九九八年
加藤博之『子どもの世界をよみとく音楽療法——特別支援教育の発達的視点を踏まえて』明治図書出版、二〇〇七年
加藤博之『子どもの豊かな世界と音楽療法——障害児の遊び&コミュニケーション』明治図書出版、二〇〇五年
加藤博之／藤江美香「NPO法人子ども発達センターとまとの活動紹介」「human」第十二号、関西看護出版、二〇〇五年
竹田契一／里見恵子編『インリアル・アプローチ——子どもとの豊かなコミュニケーションを築く』日本文化科学社、一九九四年
津止正敏／津村恵子／立田幸代子編『障害児の放課後白書——京都障害児放課後・休日実態調査報告』かもがわ出版、二〇〇四年
遠山文吉「障害児への音楽療法」「音楽療法JMT」第一号、日本臨床心理研究所、一九九一年
松井紀和『音楽療法の手引——音楽療法家のための』牧野出版、一九八〇年
レスリー・バント『音楽療法——ことばを超えた対話』稲田雅美訳、ミネルヴァ書房、一九九六年
山中直人『NPO入門』(日経文庫)、日本経済新聞社、一九九九年

おわりに

私たちの職業は音楽療法士です。「音楽療法士」といっても、まだ一般的にはなじみのない名称であることは否めません。私自身、「それはどういう仕事なのか」と聞かれることがまだ多いのが現状です。しかし、知名度は低いながらも、音楽療法を天職と考え、まじめに勉強している人が、若い人を中心に着実に増えていることも確かです。

私たちは子どもの音楽療法を専門にしています。音楽療法はその対象領域が幅広く（子ども、成人、高齢者）、それぞれの分野によって専門性は大きく違ってきます。音楽療法だけでなく、関連領域を学ぶことがとても難しいのです。つまり、子どもの音楽療法であれば、「子どものプロ」にならなければ、本当の意味で音楽療法士とは名乗れないはずです。各領域の対象者について、それを専門に学んでいる人たちに負けないくらい一生懸命勉強するなかで、本当の意味で音楽療法の有効性をアピールすることができるようになるといえるでしょう。

音楽療法士のなかにはいろいろなタイプの人がいます。百人のセラピストがいれば百通りの音楽療法があるともいわれています。一人ひとりの人間性、コミュニケーション能力、知識や技能、経験、音楽観によって違いがあるのは当然といえるでしょう。しかし、方法論の違いはあっても、目標はほとんどぶれていないはずです。対象者が幸せな人生を送るための支援を、主に音楽を使っておこなっているという点では、すべての音楽療法士が同じ気持ちを持っているはずです。音楽療法を学び始めたばかりの人に、私はよく、「音楽を使わずに、対象者との関係をつくる努力をしましょう」と提案します。それは、最初に「音楽ありき」では絶対に音楽療法士として伸びないということを、多くの人を見ていて強く感じているからです。音楽はあくまで手段なのです。必要な場面で適切に用いてこそ、音楽の力が最も生かされると考えています。やみくもに音楽を使えばいいという考えの音楽療法士がいかに多いことか。それでは、せっかくの音楽の力も半減してしまうでしょう。

音楽大学を出たから、昔ピアノを習っていたから、という理由だけで音楽療法士を目指すのではなく、対象者に興味を持ち、この人たちとともに時間を過ごしたいという気持ちから音楽を使うことができれば、本当の意味で音楽療法を学ぶことができると私は信じています。本書が、誠実で謙虚な気持ちを持った音楽療法士になりたい人に役立つことを心から願っています。まずは学び、実践の場に足を運んでみてください。

なお、私たちは、これまでのNPO活動を発展させて、二〇〇七年四月から、子どもたちへの総合的な発達支援活動を会社（ビリーブ　http://www.believe-kids.com）という形態でおこなうことになりました。引き続き応援していただければ幸いです。

最後に、本書の出版にあたり企画の段階から多大なる励ましと丁寧な助言をいただいた青弓社の矢野恵二さんと木村素明さんに心から感謝を申し上げます。

加藤博之／藤江美香

エディス・ヒルマン・ボクシル
『「実践」発達障害児のための音楽療法』

林庸二／稲田雅美訳、人間と歴史社、2003年

1985年に原書が出版され、18年の年月を経て翻訳されている。ヒューマニスティックな治療理論やさまざまな発達論に基づき、音楽療法の実践や技法が具体的に述べられている。とりわけ、発達障害児用の「音楽療法アセスメント」表は、記入の際のガイドラインもわかりやすく、本書がアセスメントから方法論まで、さまざまなタイプの障害児に適応していることがうかがわれる。

加藤博之
『子どもの豊かな世界と音楽療法――障害児の遊び&コミュニケーション』

明治図書出版、2005年

音楽療法場面でセラピストが最も大切にすべきことが理論的および実践的に述べられている。特に実践篇では、各活動が多くのイラストを用いてわかりやすく紹介されている。決してハウツー的な紹介にとどまらず、常にねらいを意識し、子どもに対して適切な援助をおこなう、という視点を大切にしている。また、障害の重い子の立場にも役立つよう構成されている。

小坂哲也／立石宏昭編『音楽療法のすすめ――実践現場からのヒント』

ミネルヴァ書房、2006年

音楽療法の概要や実践現場での技法を学ぶための入門書である。とりわけ特徴的なのは、医師や保育士、臨床心理士、看護師、介護士、理学療法士などの他職種との連携について他職種側からの考えが詳細に述べられていることが挙げられる。セッションをチームでおこなっていくという視点から、今後ますます注目されるところだろう。

高橋多喜子『補完・代替医療　音楽療法』

金芳堂、2006年

代替医療としての音楽療法について、わかりやすくまとめられている。これから音楽療法を学ぶ人にとっても、必要な情報が網羅されており、特に実践場面においては写真などを用いて説得力のある説明がなされている。また、音楽療法の今後の課題についても、具体的に示されている。

加藤博之
『子どもの世界をよみとく音楽療法――特別支援教育における発達的視点を踏まえて』

明治図書出版、2007年

子どもの音楽療法の本であり、セラピストに求められるさまざまな力（アセスメント、目標設定、関係づくり、音楽の取り入れ方、発達的視点、評価）を、実践から理論を導くかたちで言及している。その随所には「子どもとの時間を楽しむ気持ち（心）があって、その上で知識や技能を身につけることの大切さ」がうかがわれる。付属品のCD - Rで、実践場面を見ることができる。

参考になる書籍

松井紀和『音楽療法の手引 ── 音楽療法家のための』
牧野出版、1980年

日本音楽療法学会の副理事長である著者は、日本の音楽療法の先駆的存在である。本書では、音楽療法の基礎的な知識が詳細に述べられていて、また児童から成人まで、音楽療法の理論と実践の双方に言及している。他の療法との関連も詳しく、音楽療法を学ぶ学生の教科書的な役割を果たしている。

若尾裕／三船一子／田中由身子／山河真由美
『子どもの音楽療法ハンドブック』
音楽之友社、1992年

大学で学生とともに音楽療法に取り組んでいる著者が、子どもの音楽療法について実践的にまとめた一冊。身近な楽器や曲を使って音楽療法をおこなうためのノウハウが詳細に述べられている。子どもの音楽療法を目指す人が初めに手に取る一冊として、使いやすい内容になっている。

レスリー・バント『音楽療法 ── ことばを超えた対話』
稲田雅美訳、ミネルヴァ書房、1996年

イギリスにおける近代音楽療法の創始者ジュリエット・アルヴァンの指導を受けた、現代の代表的な音楽療法士である。本書では、長年の臨床経験に基づき、概説に加え、深い専門内容が詳細に述べられている。後半には、地域における音楽療法士の役割にふれるなど、音楽療法を地域生活の資源として捉えるという「今後の音楽療法の発展」に大きな示唆を与えている。

櫻林仁監修『音楽療法研究 ── 第一線からの報告』
音楽之友社、1996年

その名のとおり、音楽療法の第一線で研究や実践をおこなっている人たちの記念碑的な記録である。その内容は、概論から各領域の考え方や実践がそれぞれの立場から述べられており、年月を経てもいまなお質の高さを保っている。初心者も経験者も大いに参考になる一冊である。

日野原重明監修、篠田知璋／加藤美知子編『標準　音楽療法入門』
上・下、春秋社、1998年

音楽療法士を目指す人のテキストとして、日本音楽療法学会が定めたカリキュラムを中心にまとめられている。上巻（理論編）では、音楽療法の総論・歴史・理論、音楽心理学、臨床心理学、医学的知識がまとめられている。また、下巻（実践編）では、児童・成人・高齢者の音楽療法の実際やテクニックなど、実践場面に即した内容が具体的に示されている。

その他の教育機関

茨城音楽専門学校　音楽療法科
〒310-0844　茨城県水戸市住吉町269-3

EBARA CONSERVATORY
東京音楽療法専門学校　東京ピアノ調律アカデミー　音楽療法学科
〒359-1141　埼玉県所沢市小手指町3-11-1

東京国際音楽療法専門学院
音楽療法学科　一般・編入コース（別科・通信制）
〒350-1122　埼玉県川越市脇田町27-8

東京心理音楽療法福祉専門学校　音楽療法専攻科
〒171-0031　東京都豊島区目白5-20-24

長野医療衛生専門学校　音楽療法士学科
〒386-0012　長野県上田市中央3-8-1

●私立短期大学

宇都宮短期大学　音楽科　音楽療法士専攻コース
〒321-0346　栃木県宇都宮市下荒針町長坂3829

仁愛女子短期大学　音楽学科　音楽療法コース＋専攻科音楽専攻
〒910-0124　福井県福井市天池町43-1-1

大垣女子短期大学　音楽総合科　音楽療法コース
〒503-8554　岐阜県大垣市西之川町1-109

神戸山手短期大学　表現芸術学科
〒650-0006　兵庫県神戸市中央区諏訪山町3-1

中国短期大学　音楽科　音楽療法コース
〒701-0197　岡山県岡山市庭瀬83

山口芸術短期大学　音楽学科　音楽療法士フィールド
〒754-0001　山口県山口市小郡上郷

高松短期大学　音楽科　音楽療法コース
〒761-0194　香川県高松市春日町960

徳島文理大学短期大学部　音楽科　音楽療法コース
〒770-8514　徳島県徳島市山城町西浜傍示18

四国大学短期大学部　音楽科　音楽療法コース
〒771-1192　徳島県徳島市応神町古川

福岡女子短期大学　音楽科　音楽療法コース
〒818-0193　福岡県太宰府市五条4-16-1

宮崎女子短期大学　音楽科　音楽療法コース　専攻科　音楽療法専攻
〒889-1605　宮崎県宮崎郡清武町大字加納丙1415

鹿児島国際大学短期大学部　音楽科　音楽療法コース
〒891-0191　鹿児島県鹿児島市下福元町8850

東海大学　教養学部　芸術学科　音楽学課程　音楽療法コース
〒259-1292　神奈川県平塚市北金目1117

中部学院大学　人間福祉学部　人間福祉学科　音楽療法過程
〒501-3993　岐阜県関市倉知4909-3

名古屋音楽大学　音楽学部　音楽学科　音楽療法コース
〒453-8540　愛知県名古屋市中村区稲葉地町7-1

名古屋芸術大学　音楽学部　音楽文化創造学科　音楽療法コース
〒481-8503　愛知県北名古屋市熊之庄古井281

金城学院大学　人間科学部　芸術表現療法学科
〒463-8521　愛知県名古屋市守山区大森2-1723

京都女子大学　発達教育学部　教育学科　音楽教育学専攻
〒605-8501　京都府京都市東山区今熊北野日吉町35

同志社女子大学　学芸学部　音楽学科　音楽文化専攻　音楽療法コース
〒 610-0395　京都府京田辺市興戸

相愛大学　音楽学部　音楽学科　音楽療法専攻
〒559-0033　大阪府大阪市住之江区南港中4-4-1

武庫川女子大学　音楽学部　声楽学科・器楽学科　音楽療法コース
〒663-8558　兵庫県西宮市池開町6-46

くらしき作陽大学　音楽学部　音楽教育学科　音楽療法専修
〒710-0292　岡山県倉敷市玉島長尾3515

徳島文理大学　音楽学部　音楽学科　音楽療法コース
〒770-8514　徳島県徳島市山城町西浜傍示180

活水女子大学　音楽学部　応用音楽学科　音楽療法コース
〒850-8515　長崎県長崎市新戸町3-1004-1

平成音楽大学　音楽学部　音楽学科　音楽療法コース
〒861-3295　熊本県上益城郡御船町滝川1658

音楽療法を学べる学校一覧

以下の学校一覧は音楽之友社編「theミュージックセラピー」Vol.10（音楽之友社、2006年）136−139ページを参考にして作成した。

なお、削除した大学・短期大学・専門学校などや、専攻名を修正したところもある。

学科や専攻コースがある

●私立大学

創造学園大学　創造芸術学部　音楽学科　音楽療法コース
〒370-2131　群馬県多野郡吉井町岩崎2229

国立音楽大学　音楽学部　音楽文化デザイン学科
音楽療法専修／音楽療法士コース
〒190-8520　東京都立川市柏町5-5-1

聖徳大学　人文学部　音楽文化学科　音楽療法コース
〒271-8555　千葉県松戸市岩瀬550

東邦音楽大学　音楽学部　音楽学科　音楽療法専攻
〒350-0015　埼玉県川越市今泉84

昭和音楽大学　音楽学部　音楽芸術運営学科　音楽療法コース
〒215-0021　神奈川県川崎市麻生区上麻生1-11-1

洗足学園音楽大学　音楽学部　音楽療法コース／大学院
音楽教育学専攻　音楽療法コース
〒213-8580　神奈川県川崎市高津区久本2-3-1

［著者略歴］
加藤博之（かとう ひろゆき）
筑波大学大学院教育研究科修了
日本音楽療法学会認定音楽療法士、学校心理士、ガイダンスカウンセラー、リハビリテーション修士
小学校、特別支援学校、昭和音楽大学の教員を経て、現在、発達支援教室ビリーブ代表、文教大学講師
著書に『子どもの世界をよみとく音楽療法』『子どもの豊かな世界と音楽療法』『発達の遅れと育ちサポートプログラム』『〈特別支援教育〉学びと育ちのサポートワーク1 文字への準備・チャレンジ編』『〈特別支援教育〉学びと育ちのサポートワーク2 かずへの準備・チャレンジ編』（いずれも明治図書出版）など

藤江美香（ふじえ みか）
国立音楽大学教育音楽学科Ⅱ類（リトミック）専攻卒業
日本音楽療法学会認定音楽療法士、特別支援教育士
高齢者・知的障害者・障害児の音楽療法を経て、現在、発達支援教室ビリーブ副代表、帝京科学大学講師、特別支援学校講師

発達支援教室ビリーブ（http://www.believe-kids.com）

音楽療法士《おんがくりょうほうし》になろう！

発行……2007年4月20日　第1刷
　　　　2022年7月15日　第5刷

定価……1600円＋税

著者……加藤博之／藤江美香

発行者……矢野未知生

発行所……株式会社青弓社
〒162-0801 東京都新宿区山吹町337
電話 03-3268-0381（代）
http://www.seikyusha.co.jp

印刷所……厚徳社

製本所……厚徳社

ISBN978-4-7872-1041-8　C0011

加藤博之／藤江美香

障がい児の子育てサポート法

保護者の悩みを軽減して希望をもって子育てができるように、幼児期の接し方、就学の準備、学校生活、専門家の見極め方など成長過程や日常の場面に沿って具体的な対応方法を提言。　2000円＋税

石川瞭子／佐藤佑真／眞口良美／小楠美貴 ほか

セルフネグレクトと父親

虐待と自己放棄のはざまで

自己肯定ができず、生への欲求も消えた父親のストレスは、妻や子どもへの暴力として現れる。虐待の連鎖を断ち切るために、実例を挙げながら虐待の予防と防止の方法を提起する。　2000円＋税

石川瞭子／吉村仁志／鈴木恵子

児童・生徒の心と体の危機管理

育児ネグレクトや性的虐待、いじめや校内暴力、少年犯罪などの危機に学校はどう対応して教育的な成果を目指せばいいのか。事例を紹介して危機への対応の方法を具体的にガイドする。　2000円＋税

田中宝紀

海外ルーツの子ども支援

言葉・文化・制度を超えて共生へ

地域ボランティアによる日本語教室の活動にも限界が迫るなかで、日本語を母語にしない海外ルーツの子どもたちへの支援活動の長年の経験に基づいて現場の実態と提言をまとめる。　2000円＋税